Ingrid Koch

U'gschminkt …

Ingrid Koch

U'gschminkt ...

Verlag Lorenz Senn, Tettnang

Impressum

Ingrid Koch: U'gschminkt
© Ingrid Koch 2011
Verlag Lorenz Senn GmbH & Co. KG, Tettnang 2011
ISBN 978-3-88812-227-9
Bildnachweis:
Gerhard Schulz: Titelbild, S. 69
Ingrid Koch: S. 79
Alexander Mayer: S. 31
Engelbert Rief: S. 11, 17, 27, 57, 65
Fotolia: S. 21, 37, 41, 49, 61, 75, 89, 93, 97, 107
Layout: Engelbert Rief, Bodensee Medienzentrum
Druck: Bodensee Medienzentrum, Tettnang
Bindearbeiten: Walter, Heitersheim

CD: U'gschminkt ...
Veranstaltung:	Mundart im Schloss
Veranstaltungsort:	Altes Schloss Amtzell
Autor:	Ingrid Koch
Redaktion:	Wolfgang Wanner, SWR Friedrichshafen
Technik:	Winfried Christmann
Veranstalter:	SWR Studio Friedrichshafen,
	Arbeitskreis Dorfkultur Amtzell

Eine Produktion des Südwestrundfunks, 2011

»SWR4

Für die freundliche Unterstützung
danken wir der Stadt Tettnang

Inhaltsverzeichnis

Älter werre ...
S'isch nimme des   9
Im Alteheim   15
Entrümple   19

S'Äußre
Schuahsüchtig   25
Klagelied von re Männershort   29
Outdoor   34
Schönheitswahn   39

Ärgre ...
De Klugscheißer   44
S'trifft immer mi ...   47
Nôchbre   51
D'Ledercouch   55
Hobbymôlerei   59
D'Rose   64
De zerstreute Professer   67

So wia mr's ziaht ...
Dia richtig' Erziehung   71
Mudderdag   73
Oma werre isch it schwer ...   76

Wenn's no au ohne enand gieng ...

Modifizierte Schöpfungsgeschichte	82
Männliche Eikaufstype	86
Alptraum	90
Sich vergucke ...	95

Alle Hochachtung ...

Ehreamt	99

Was jetzt no g'fehlt hôt ...

Hopfebrocker	105
Während de Hopfeernt isch guat sterbe ...	106
Schlusswort Cosima Kehle	109

Zu diesem Buch

„Schon wieder ein schwäbisches Mundartbuch", mögen manche Dialektverweigerer – die sich im übrigen beileibe nicht nur aus Nichtschwaben rekrutieren – angesichts dieses Gedichtbandes denken und das Buch „spitzfingrig" als unlesbar wieder zurücklegen.

Dass sie damit das Schwabenidiom en bloc in einen einzigen Klang(ein)topf werfen, sei den Ahnungslosen in schwäbischer Großmütigkeit verziehen, ihnen aber gleichzeitig aufklärungseifrig nachgerufen: „Leit – Schwäbisch isch doch it gleich schwäbisch!" Da gibt es das Niederschwäbisch, Ostschwäbisch, Rieser Schwäbisch (ähnlich Neckarschwäbisch), Allgäuer Schwäbisch und Oberschwäbisch, und allesamt wiederum in ihrer jeweils regionalen Ausformung. Oberschwäbisch klingt bekanntlich in Ulm anders als in Aulendorf, und in Aulendorf anders als im Argental.

Am allerschönsten aber klingt es – wo sonst – in Tettnang, und hier schließt sich nun wieder der Kreis: In diesem „worthandgewerkten", Menschliches und Menschelndes erzählenden schwäbischen Mundartbuch darf er sich „schon wieder" nach Herzenslust entfalten. Mein Tettnanger Dialekt. Klar. Deutlich. U'gschminkt. UND: lesbar ... hoffentlich!

Ingrid Koch

Älter werre …

„… isch nix für Feigling'", ieberschreibt Blacky Fuchsberger sein neie Beschtseller! Guat, im Original liest sich der Titel – was sonscht – in sei'm feine Hochdeitsch hoißt's nadierlich ganz korrekt „Altern ist nichts für Feiglinge;" en Spruch übrigens, der ursprünglich von de amerikanische Schauspielerin Bette Davies stammt. Aber egal, ob jetzt in schwäbisch, schriftdeitsch oder englisch – oins bleibt gleich: Stimme duat's. Irgendwia …

Als Dreißgjährige hôt mi des Thema noid intressiert. Sechzge, siebzge, achtzge … du lieeebe Zeit: Dausend Lichtjôhr entfernt! Runzle, morsche Knoche und Rollator? U'denkbar … und wenn mein dômôls scho fuchzgjährige Kolleg, de Klaus, morgens scho launig von Schreibdisch zua Schreibdisch zua mir num g'witzelt hôt: „Du wirsch au jeden Dag älter …", denn hôn i mi halbe dotglachet.

Des dua i heit nemme. Seit dia erschte Kratzer an meim Lack meh und meh sichtbar worre sind und mei erotische Ausstrahlung so saftig wia d'Chrischtbaumnôdle nôch em Dreikönigsdag, isch m'r denn doch allmählich s'Lache vergange. De oinzig Troscht war und isch m'r no, dass dia andre au alle älter werret. Zuagebe: It alle gleich schnell! Aber no meh als de äußre Verfallsprozess plôget oin halt doch de Gedanke an d'Vergänglichkeit.
Mi zuamindescht.

Andrerseits hôt dia „Reifung" durchaus au ebbes Guat's: Me isch bei sich a'komme und mueß nix meh beweise. Und wia saggt mei anno siebenezwanzg' geborene Gsangskollegin Rosel immer: „Ooooh waa – MIR hend doch unser Schpässle g'hett …!" Jô also!

S'isch nimme des

Vor dreißig/fünfadreißig Jôhr
s'kommt oim fascht gar wia geschtern vor –
dô waret unsre Eltern um
de sechzge, fünfasechzge rum ...
... plus-minus – môl im Durchschnitt gseah,
weil manche sind betagter gweah ...

Des spielt koi Roll – sia waret halt
in unsre Auge alle alt,
a weng verroschtet und porös
und jenseits scho von Guat und Bös.
Sia hend, so war des Denkkonzept,
kurz gsaggt, ihr Lebe quasi glebbt.

Jetzt waret früaher zweifellos
dia Underschied jô au scho groß,
und es hôt sicherlich denebe
knuschprige Exemplare gebe,
dia zwische'm ganze alte Schrott
rumgsaut sind wia en junge Gott!

Egal! In userm Gsichtsbereich
von dômôls waret alle gleich:
Wer Sechzge ghett hôt auf em Buckel,
war gnadelos en alte Zwuckel!

Des hett oin jô noid weiters gschtört,
hett m's it au no jammre ghört
und immer wieder nei verzehle,
es dät ne allbott ebbes fehle,
dia Plôg, dia sei afange bees –
s'ließ alles nôch, s'sei nemme des.

Wenn de' des hörsch so Dag für Dag,
nôch hôt des scho sein Niederschlag ...
... und Sechzge war denn schtelleweis
fascht Synonym scho für Verschleiß:

Für Glenk, dia anenander scherret,
für Gsichter, dia all länger werret,
für Schuppe und für dünne Strähne,
für elefantegraue Mähne,
für Krähefiaß und Tränesäck,
für Doppelkinn und Taillenspeck,
für Besereise, Cellulitis,
für Venestauung und Arthritis,
für Zahfloischschwund und Ieberboi,
für Magegschwür und Gallestoi,
Harnsäurespiegel, Bluatfettwert,
Hormonumstellung, Damebärt,
für Zone, dia im Abwärtstrend
schwerkraftbedingt koin Halt meh hend ...
... für Pille und Arzneisaftgläsle,
für ieberstrapazierte Bläsle
und schliaßlich au no für des Gfrett,
nachts dreimôl aus em Biber-Bett.

Und hôt me' gmault: „Jô, heidenei,
jetzt lôsset doch dia Jammrerei",
war d'Antwort: „Du, des sag i dir –
wirr ersch amôl so alt wia mir!"

Dass uns môl s'gleiche Alter druckt,
des hôt uns dômôls wenig g'juckt;
mir hend auf d'Zukunft jô noid gachtet
und g'moint, mir hettet d'Jugend pachtet.
Sechzg Jôhr alt z'werre, meine Herrn,

des war so u'vorschtellbar fern –
und wenn scho… Gott, was koscht dia Welt,
denn sind m'r sicher besser gschtellt,
jo jung und glimpfig, voll im Saft
und schee – halt oifach sagehaft.

Aber bis dôna isch's no weit,
mir hend no ieber dreißg Jôhr Zeit.

Dia Zeit isch um, des isch zwar dumm,
doch guck i mi im Saal môl um,
sieh i tatsächlich hier und heit,
abgseah von mir, bloß junge Leit …

… dô lieggt nadierlich Spielraum drin,
weil i extrem kurzsichtig bin.
Au wird, was immer funktioniert,
durch schicke Kloider viel kaschiert.
Trotzdem: Mir sind u'iebertriebe
immer no frisch und knackig bliebe.

Bloß oins: Des lange Schtande duat
de schwache Vene gar it guat,
und s'gôht au wieder andrerseits
ins sowieso scho hiene Kreiz.
S'isch oim au nôch em Alkohol
am andre Morge nemme wohl
und wegg de hohe Bluetfettwert
sind Butterbretzle ganz verkehrt.
Fett ieberhaupt ka jô de Mage
in letztschter Zeit ganz schlecht vertrage,
und wenn me Zeitung läse will,
denn gôht des nemme ohne Brill.
Pressiert's oim môl beim Treppelaufe,

mueß me granatemäßig schnaufe,
de Hüftspeck bleibt hartnäckig hocke
und d'Haut wird au so spröd und trocke –
s'isch halt, me merkts afange bees,
s'lôsst alles nôch, s'isch nemme des!

Doch abg'seah môl von dem Malär
kommet m'r doch no toll dehär ... ???!!!

Des positive Selbschturteil,
des brauchet mir für's Seeleheil ...
weil, für sich selber eher blind,
„alt" immer bloß dia andre sind.
Doch intressant wär's, nôchzumhôke
und unsre Dreißgjährige z'frôge,
wia sia – zumôl sich d'Uhre dreahet –
aus ihrem Blickwinkl uns seahet.

Guat – wenn me Sia mit mir vergleicht,
wer woiß, denn dierfet Sia vielleicht
no irgendwo auf Milde hoffe.
Mi aber hôt's scho andersch troffe:

Im Neonlicht (statt Kerzeschimmer)
bin i beim Umziah in meim Zimmer,
kämpf grad so mit de Strumpfhos rum –
dô kommt mein Sohn ... und wird ganz stumm ...

... denn – s'werret jô beim Strumpfa'ziah
doilweis au nackte Hautpartia
ganz uvermeidlich offebart.
Des hett 'r sich wohl gern verschpart!
Es hôt em also sozuasage

sekundelang glatt d'Sprôch verschlage,
sich aber denn ganz uverdrosse
knallhart zur Ehrlichkeit entschlosse:

„Mamme, du bisch – Entschuldigung –
in Kopf und Herze sicher jung;
aber de Rescht, i sag's gradraus,
der isch ab Sechzge scho en Graus."

Dia Frechheit macht mi ersch môl baff ...
denn leg i los: „Duuu junger Aff!
So alt wia i muesch ersch môl werre,
nôch wird's dein Spiagel au verzerre ...
und denn, Herr Sohn, hôsch schlechte Karte!

Hoffentlich ka i's no verwarte ...!"

Im Alteheim

I stell m'r môl gedanklich vor,
i sei so um dia nainzig Jôhr ...
ging kräftemäßig aus em Leim
und wär also im Alteheim.

Do hock i jetzt mit triabem Sinn,
bis i de Löffel abgibb, drin –
guck all Stund auf mei Armbanduhr,
doch s'gibbt koi Zrück und koi Retour ...
... noi – im Seniorefloischdepot
plätschert oim s'Lebe still devo ...
... was ka's m'r au no ernschthaft biete?
Doch sonscht. Doch, doch. Sonscht bin i zfriede!

Gibbt's au it arg viel Zeitvertreib:
I bin entschlosse, dass i bleib!
Klar herrscht hier arg zua meim Verdruss
drastische Fraueieberschuss,
auf fuchzeah Dame grad oi Herrle –
jô Gott, wo sind se denn, dia Kerle?
Wo kommt des Missverhältnis her?
S'wär scheener doch, wenn's umkehrt wär!
Nôch kennt me môl a Party mache,
môl s'Tanzboi schwinge, flirte, lache
und no wer ... woiß ...???
Ach so, i Kuah
hôn mi grad um siebzg Jôhr verdua.
Heit isch s'Bluat nemme so am Siede.
Des war amôl. Gott, i bin zfriede.

Mein Wohn-, Schlôf-, Schreib- und Fernsehraum
en „all-inclusive" Oldietraum –

mit schickem Klinikzimmerflair
misst zwölf Quadratmeter u'gfähr.
Aufs Wesentliche reduziert,
isch 'r spartanisch bloß möbliert:
En Disch, zwoi Stüahl, a Bett, en Schrank,
en Gummibaum, a Fernseahbank ...
... wirklich – der Raum ka alles biete.
Was brauch i groß no? I bin zfriede.

Au mueß i sage, s'Personal
isch suuper ... aber halt brutal
in engmaschige Zeitplän presst
und in dem Knochejob echt gschtresst.

Was dia alls misset mache kenne,
du siehschs bloß schiabe, füttre, renne,
aufhebe, stütze, wusle, wiesle –
dô ruefsch doch it, du soddsch zum Biesle!!!
Des löst me halt schnell anderweitig ...

... doch, doch, dia Pflege isch u'streitig
hoch engagiert und echt allround;
guat – an den Kindergartesound
wia: „Soooo hôt's gschmeckt heit, eier Breiiiile?",
gwöhnt me sich ersch nôch a me Weile.
Doch sonscht, des sag i ganz entschiede,
bin i mit de Betreuung zfriede.

Obwohl scho ziemlich altersschwach,
lauf i no Gott sei Dank mei Sach,
zwar wacklig, aber i komm immer
mit'm Rolli no ins Speisezimmer,
wo an me lange Zehnerdisch
längsseitig denn mein Stammplatz isch.

Dô, schee bedient vom Heimlakai,
nimm i däglich mei Mahlzeit ei,
und bisher hôn i koine gmiede;
au mit em Esse bin i zfriede.

Guat, oins begreift me ziemlich fix:
Gredet wird wenig bis zua nix –
koiner mag scheints de Mund aufdua,
im Speisesaal herrscht Grabesruah …

… und auf mei Frôg, warum des jetzt
so sei, hôt's ghoiße: S'isch alls gschwätzt!
Drauf hôn i s'Babble au vermiede –
halt also d'Gosch jetzt und – bin zfriede.

Aber es gibbt au Schatteseite,
dia ka i auf de Dot it leide,
und zwar, i sieh dia ganze Zeit
bloß, wo i naguck, alte Leit.
Dia reinschte Greise-Horrorszene!
Was dua mit nainzge i bei dene?
Me glaubt doch it, dass i dô bleib!!!
I bin doch no a knackigs Weib …

… aah, dô kommt grad, wia immer heiter,
von unserm Heim de junge Leiter!
Scharmant! Und, guck i'n mir so a,
dezua na no en hübsche Ma –
also, môl frauspezifisch gseah …
i dät en ehrlich it verschmäah
als Lover von de alte Koch …
Wer woiß? I glaub, i bleib jetzt doch!

Entrümple

Wer jemôls von Verwandte
wia i von meiner Dante
hôt s'Heisle raime misse,
wird aus Erfahrung wisse,
was des für oin bedeitet
und wia me drunder leidet.

Mei Dante zum Exempel
hôt wirklich jeden Krempel,
jed's Kerzle, jed's Figürle,
jed's Gschenkpapier und -Schnürle,
hundertachzg Daschedüachle,
Plaschtik-Kalenderbüachle,
Luftschlange näbe Pille,
uralte Sonnebrille,
zigdausend Asichtskarte,
Proschpekt von Urlaubsfahrte,
Quittunge von re Spende,
Duftpröble ohne Ende,
alls – wirklich alls aufghobe
und in a Schublad gschobe,
gedanklich resischtent,
wer's môl entsorgt am End
beziehungsweis bei Gott
demit denn d'Arbet hôt
mit dene viele Sache!
Jô war denn dia no bache?

O.K. – zeah blaue Säck,
scho war der Krempel wegg …
… und alls, was ihr môl wichtig
jetzt Reschtmüll. Null und nichtig.

Im Kloiderschrank ganz ähnlich:
Von schee bis u'asehnlich
war ersch môl an Klamotte
schlicht s'ganze Spektrum botte.
Belzkräge, Schtrümpf und Dasche,
Strohhüat mit Ripsbandmasche,
Wollschäl und Seidedüacher,
Gebett- und Liaderbüacher,
fuchzg Gürtel, hart wia Priegel,
zwanzgdausend Kloiderbiegel,
Steppdeck mit Seidefutter,
Wäsch von de Urgroßmutter,
Stützstrümpf und Handwaschlappe –
es war zum Ieberschnappe!

Nôjô – zwoi Flohmarktjäger
plus a me Laschteträger
mit Körb und Jutesäck –
und s'Gruschtzeig war glei wegg.
Und zwar – so lauft's denn immer –
aus em komplette Zimmer,
dia Bildle, Deppich, Spiegel,
Parfüm und Cremlestiegel ...

... so schnell, wia dia am Renne,
hôsch gar it gucke kenne –
und alls, was ihr môl wichtig,
war bloß als Ramsch no richtig.

Im Wohn- und Essraum schließlich
war d'Ernte au ersprießlich
an Gschirr, an Bschteck, an Vase,
Gipsengel, Stoiguathase,

an Kerzehalter, Bleikrischtall,
Fonduetopf, schlicht aus Leichtmetall,
Bowleservice und Krüag aus Zinn,
a porzellane Schäferin,
Schallplatte, Tonkassette,
en Trockeblumegrätte,
Rot-, Weißwei-, Cognac-Gläser,
Schmuckkörb aus Binsegräser,
Wanddeppich, Ölgemälde,
in summa halt: U'zählte
oinzelne Gegeständ
sind oim dô schnell durch d'Händ.

Dass späteschtens denn jetzt
oim beinôh s'Fiedle schwätzt
und innerlich vergrault
me ieber d'Dante mault,
wia me bis vornena
sich d'Schränk vollschtopfe ka
und it durchstrukturiert
des Zeig môl selektiert ...
sprich, wia me glaube dürft,
pünktlich zum Haus naus wirft ...
wird wohl verständlich sei
und leichtet jedem ei.

I brauch des Zeigel it!
Und drum: Was gschieht demit?
Alls zamme auf oin Fleck
in d'Kischt nei – und denn wegg?

Scho! – Wenn it d'Pietät
oim s'Herz schier schprenge dät,

weil halt doch drin verdeckt
ihr ganzes Lebe steckt,
und ihre offebar
ieberaus wichtig war …

… guat – au weil – guckt me näh'r,
manches no brauchbar wär.

Jed'falls, d'Schränk platzet schier,
schtôht jetzt der Gruscht bei mir.

Und wer's – vielleicht scho morge (?)
bei mir denn mueß entsorge,
mault gwieß beim Zammemache:
„Jô war denn dia no bache?"

S'Äuß're ...

... von me Mensche isch de erschte bleibende Ei'druck, den 'r hinderlôsst, no bevor 'r de Mund aufmacht. Des hoißt: Nôch dem Bild, des 'r scho an de Dier abgibbt, wird 'r spontan BE-urteilt. Oder VER-urteilt. Also in a Schublad g'schteckt, je nôchdem halt, wia 'r aussieht, sich bewegt, ob 'r sauber g'wäsche und biegelt und vor allem: WIA 'r a'zoge isch! Binne me Bruchdoil von re Sekund ka des ieber a Karriere oder a Liebesbeziehung entscheide. Des war so, isch so und bleibt so. So? So! Soso. Ganz schee oberflächlich ...!

Obwohl: Sooo oberflächlich au wieder it! Des isch nämlich ERSCHTENS (aus verhaltenspsychologischer Sicht) en unbewusste Denkvorgang. ZWOITENS saggt d'Kloiderauswahl (aus soziologischer Sicht) viel ieber de jeweilige Träger aus. DRITTENS isch a saubers und adretts Häs (aus Sicht von Herrn Knigge) schlicht en Akt der Höflichkeit sei'm Umfeld gegenieber ... und VIERTENS!!! macht des „Sich a weng richte", wia de Schwôb zum Aufbrezle saggt, au Spass (b'sonders aus weiblicher Sicht!). Modemuffel nennet des eitel.

*Jô, und wenn scho! So manchem floischg'wordene Findling (oft männlichen Geschlechts) in kurze Hose, Kreiselkreppsocke und Sandale dät a kloine Prise Eitelkeit au it schade. Er misst jô wegg seine hôôrige Knödelwade it glei nôch Lindau num in d'Bodeseeklinik! A leicht's, knöchellang's Leinehösle dät scho lange.
Und wär billiger ...*

Schuahsüchtig

Wahrhaftig – s'isch scho mörderisch,
wenn de u'heilbar suchtkrank bisch –
denn so verbringsch dei Lebenszeit
in grausiger Abhängigkeit ...

... und allbott klopft und pocht in dir
so a erbarmungslose Gier;
du hôsch als so en arme Tropf
bloß oin Gedanke jô im Kopf:
„Wia komm i, meglichst ohne Zoff
und große Umständ an mein Stoff?"

Mei Sucht gilt it em Kokain
geschweige denn em Heroin,
scho längschtens trink und rauch i it,
au d'Spielsucht moin i it demit ...
mit alldem hôt des nix zum dua:
Mei Sucht gilt lediglich de ... SCHUAH!

Und debei moin i it dia wilde,
schnablige Jogging-Laufgebilde;
au it von de Tourischtetriefel
d'Sandale oder d'Wanderstiefel,
ersch recht it dia stabile, gsunde,
altweibrige und vorne runde ...
... an sowas lauf i fascht immun
gradaus vorbei wia a blinds Huhn.

Mei Droge sind dia u'geheire
topelegante und saudeire –
glattledrig, samtig, doch it narbig,
womeglich, zwoi- und dreiffachfarbig,

zierlich und hoch auf alle Fäll:
Halt s'edle, klassische Modell!

Kurzum, mi locket dia Schuah a,
in dene me it laufe ka!
Schuah, wo me – jetzt im Underschied
zua Latsche – glei jed's Fleckle sieht
und dia me auf de Schtrôß bei Gott
scho deshalb au it trage sodd;
Schuah, dia, was Enteklemmer hasset,
maximal zua oim (1) Fummel basset.

In summa – Schuah, dia me dezent
und feinsinnig bloß „Schüahle" nennt,
weil se, au wenn schier d'Zeah abbrechet,
en sinnliche Genuss versprechet.

Folglich, jetzt wirr i môl konkret,
sind Schuahgschäfter wia en Magnet!
In weller Stadt s'au immer sei,
i komm – i schwörs – an koim vorbei
und mueß (i ka gar nix defier)
amôl zuamindescht bis an d'Dier.
Und wehe, wenn im Fenschter i
des grad beschriebne Schüahle sieh,
dekorativ auf Samt drapiert ...

... denn starr i wia paralysiert
bloß auf dia herrlich Koschtbarkeit
und denk, potentiell kaufbereit:
„Wia hôn i bloß, i dumme Henne,
ohne den Schuah je lebe kenne ...???"

I hôn, des geb i ehrlich zua,
dehoim so an dia achtzg Paar Schuah,
von dene i zwar alle mag,
aber, wenn's hoch kommt, zwanzg bloß trag.
Doch, wia scho gsaggt –
schwer schuahsuchtkrank
denk i: Hauptsach, i hôn's im Schrank!

Und ärgert mi a môl mein Ma,
brauch i koi Psychopharmaka,
des macht bloß dabbig, müad und matt –
dô lauf i liaber schnell in d'Stadt
und kauf mir dô in aller Ruah
des … oiseachtzigscht … Pärle … Schuah!

Dô ka d'ganz Welt verbieschtert sei:
En „Schüahlesschuah" – scho bin i high!

Klagelied von re Männershort

Fascht halb krank ...
... vor Angscht lieg i im Kloiderschrank,
sage m'r: späteschtens bis Mai –
doch denn isch d'Liegezeit vorbei
und i mueß, s'dät m'r jetzt scho lange,
mit meim Besitzer Gassi gange,
und des macht der, wenn's warm isch, bloß
mit mir halt, seinre kurze Hos!

Der muetet mir verdammt viel zua,
dôch i ka nix degege dua
I bebb' – en blede Zeitvertreib –
im wahrschte Sinn jetzt an seim Leib,
bin kalkgrau wia a Betonbrüah,
häng rumpflig nab bis zua de Knia
und hôn, es ärgert mi enorm,
a mehlsackige Kaschteform ...

... jedefalls, des kriagt jeder mit:
S'Designerhösle bin i it.

Jetzt hôt der Mensch en dicke Bauch;
DES isch vielleicht en Jesesschlauch!
Mein Bund, den bläht's wia en Ballon,
s'Gewebe macht scho Rebellion,
de Hoseknopf von vorne schreit:
„Barmherzigkeit, Barmherzigkeit",
und i ruef: „Mann, spick bloß it wegg,
verlôss mi it mit dem seim Speck,
wenn der jetzt aus de Fuege gôht,
denn kracht em End mei Hosenôht."

No minder wird's, wenn 'r verschwitzt
und lommelig am Bierdisch sitzt;
denn leggt, des isch kaum auszumhalte,
sich dem sein Ranze in zwoi Falte,
in dene i denn zwischedrin
samt Gürtel scharf verkantet bin,
worauf i, weil i mi verbiag,
nadierlich selber Falte kriag.

Manchmôl – lauft grad a Frau vorbei –
ziaht 'r spontan sein Bierbauch ei;
denn rutsch i, logisch, s'isch koi Wunder
im Sturzflug under d'Wampe nunder
und land mit eizogenem Gnick
phäb ieber seim Familienglück.

Dô, mangels Masse isch viel Licht,
des hoißt, i hôn jetzt volle Sicht
schee zua de Hoseboiner naus
und guck, wia sieht's denn unde aus?

Dô bin i aber schlecht berate,
weil x-boinige Kneedelwade
so gelblich-bloich wia en Chines,
isch eigentlich jetzt au it des,
was oim gemeinhin sofort gfallt!

Drum guck i weiter nunder halt
und sieh mit u'sägliche Quale
no weiße Socke und Sandale.
Also im allerbeschte Sinn
DES Uferstrôß-Modell schlechthin.

Als Herrehos sodd i it läschtre!
It besser gôht's au meine Schweschtre ...

... was mund dia, oft in grellschte Farbe,
an pralle Damehindre darbe.
Au obe hend se schlechte Karte!
Von dô isch Hilfe kaum z'erwarte ...

... koi Stöffle, des voll Pietät
d'Ausbuchtunge verdecke dät,
weil, gell – dem T-Shirt isch des schnurz,
es isch jô selber z'eng und z'kurz.

Aber no dia viel größer Pein
verursacht manches „Damebein",
des, gwieß it immer wohlgebaut,
sich aus de Hoseboiner traut.

Dô frogt me sich: Jô heidenei,
gucket dia nia in Spiegel nei,
ghert dene it de Dippel bohrt?
Mensch, dô scheniersch de doch als Short,
und mechsch ieber dia nackte Haxe
bis zua de Knechel nunderwachse,
sich gnädig dehne, stretsche, strecke ...

... und halt des Drama sanft bedecke.

Als kurze Hos in XXL –
dô bisch fei scho en arme Gsell!

Nadierlich, des mueß i no sage,
derf me mi gern im Garte trage,

beim Radle, Zelte, Bade, Segle,
beim Walke oder Freilichtkegle –
und au beim Grillfeschtle zur Not.

Bloß oins: I schäm mi halbe z'dot,
wenn me mit mir durch Salzburg kurvt
und ins feinschte Hotel neischlurft.

Vier Monet gôht's Martyrium –
denn isch de Sommer endlich rum
und i komm wieder in de Schrank.
Gott … sei … Dank!

Outdoor

I kennt, i sag's von vornerei,
im Lebe nia Bergsteiger sei!
Und it, weil i dia Majeschtät
von dene Berg it seahe dät –

oder koi Luscht hett, mi zum trimme
und môl a Gipfelkreiz z'erklimme –

oder, wer woiß, amôl z'probiere
im Felsespalt zum biwakiere –

oder – erschöpft, doch froh und trocke
beim Senner auf re Alm rumz'hocke …

… des alls, des wär für mi sogar
rein theoretisch vorstellbar,
also in meiner Phantasie …

… doch wegg 're Felseallergie
bin i, Gott sei's geklagt, am Berg
en Hasefuaß und Nervezwerg.

So scheint m'r im meim Panikspleen
de Hohentwiel scho hochalpin;
vor Abstieg iebers Stoinergröll
graust's mi no meh als vor de Höll;
au haut's mi seelisch scho ins Gsenk,
wenn i an Kletterstoig bloß denk!
Kurzum, was andre seelisch labt,
dôfür bin i schlicht u'begabt,
weil, gell – mir wird's jô regelrecht
scho auf em Pfänder drobe schlecht.

Au „Trekking", wia me's neideitsch nennt,
wenn me durch d'Regewälder rennt,
im Zelt in de Sahara schlôft,
mit wildem „Canyoning" sich strôft
oder Safaris macht. Egal!
Für mi wär alls kataschtrophal.

I schwör's, dia Löwe dett, dia Siache,
dätet sofort mein Angschtschwoiß riache
und sich, bevor i kennt verschwinde,
im Sprung nôch mir d'Serviett umbinde.
Also, wenn's au de Kick ersch bringt:
I brauch des jetzt it u'bedingt.

Klar, dass i mit der Angscht im Bauch
denn au koi Outdoormode brauch.
Doch langsam sieh i mit Verdruss,
auf was i alls verzichte muss
und des, als hoffärtige Frau,
ärgert mi, ehrlich gsaggt, denn au!

Längscht herrscht in derre Berglermode
nämlich au d'feminine Note,
des hoißt, de Stil, den me kreiert
isch viel meh geschlechter-orientiert!

Jetzt munt dia Dame nemme darbe
in schwarz-grau-dunkle Männerfarbe!
Noi noi, jetzt klettret se ganz flink
in „Tanktops" in Orange und Pink,
mit Schmetterling und Bliemle drauf
gazellegleich de Felse nauf.

Nadierlich gheret hübsche Schuah
mit schickem Fuaßbett mit dezua!

Dia multifunktionale Jacke
in Flieder streichlet zart de Nacke,
debei no, modisch u'beschtritte
de Gägg, ganz nah auf Taille gschnitte,
und innedrin für Damebrüscht
jedweder Form a Stretschgerüscht.

Au d'Schlôfsäck lieget konsequent
im aktuelle Frauetrend.
Dia sind, me sieht's beim erschte Blick,
zartstoffig, woich und schnuckelig,
mit Extradäschle (mei, wia süaß)
für ewig kalte Damefüaß.

Selbscht d'Rucksäck, dia oft s'Laufe hemmet,
weil d'Gurt so arg in s'Floisch neiklemmet,
sind kloi, doch jeden Inhalt fassend
und gibbt's zu allem farblich passend.

Dia d'Isomatte – früehr als Lager
oft boggelhart und polschtermager,
(inzwische längscht vom Körperfeind
zum Berglernachtglück hochdesigned)
setzt sich als frauehomogene
Matratz jetzt effektiv in Szene;
kurz – me hôt sich Gedanke gmacht,
was d'Bergfrau braucht so in de Nacht.
De Hit für jede Klettermaid
hoißt drum au sinnig „Venus-Light"...

... allerdings saget se oim glei:
En Lover sei it mit debei!

Schade! Denn psychologisch gseah,
wär des vielleicht en Areiz gweah,
mei Höheangscht zum ieberwinde,
mi endlich môl de Berg nauf z'schinde
und z'biwakiere irgendwo
im Doppelpäckle. Aber ... so ...???

Schönheitswahn

Wenn dein Körper und dei Gsicht
it em Schönheitstrend entspricht …

… bisch scho an de Schenkel schlaff
und au obe nemme straff …

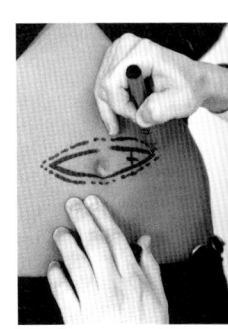

… isch dei Nas it ideal
und de Mund verkniffe-schmal …

… willsch dia diafe Sorgefalte
in deim Antlitz nemme bhalte …

… isch dein Hindre nemme knackig –
kurz, du magsch di nemme nackig …

… brauchsch it seelisch ei'zumknicke –
denn dôfür gibbt's heit Fabrike:
Schnippelwerkstätt, voll im Trend,
„Superbeauty second hand."

Schönheit ka me sich heit kaufe,
mussch zum Dr. Mang bloß laufe,
scho macht der mit seim Skalpell
– desch für den a Bagetell –
aus re äußerliche Niete
ratzefatz a Aphrodite.

Fürsorglich saugt der de Speck
in de Mittagszeit schnell wegg;

Naserücke nei befliegle,
gôht so schnell wia's Hemmed biegle;

um de Hüehnerhals zum straffe,
mueß 'r d'Haut im Gnick bloß raffe …

… und für d'Lipperunzelspritze
derfsch sogar im Sessel sitze.

Lediglich beim Busehänger
gôht der Eigriff a weng länger,
au de Bobbes hochzumnäah,
isch it im me Schtündle g'scheah.

Drum, me mueß sich it erbarme,
Mischter Mang wird nia verarme,
dem sein Job bleibt etabliert,
weil de Markt, der expandiert:
D'Gsellschaft isch em Schönheitswahn
jô bekanntlich untertan!

Und es werret immer meh!
Schönheitsfehler dund scheint's weh!
Und it jedre dritte Frau –
noi, de Mannsbilder jô au.
Gôht des weiter so ringsum,
laufet bloß no Moddls rum!

Wenn me künftig wem begegnet,
der mit Schönheit reich isch gsegnet,
woiß me bald scho nemme recht:
isch dia baschtlet, isch dia echt?

Wia sollsch dô, s'isch grad zum Lache,
ehrlich Komplimente mache?
Oder vielleicht ändret sich
s'Sprôchverständnis underm Strich

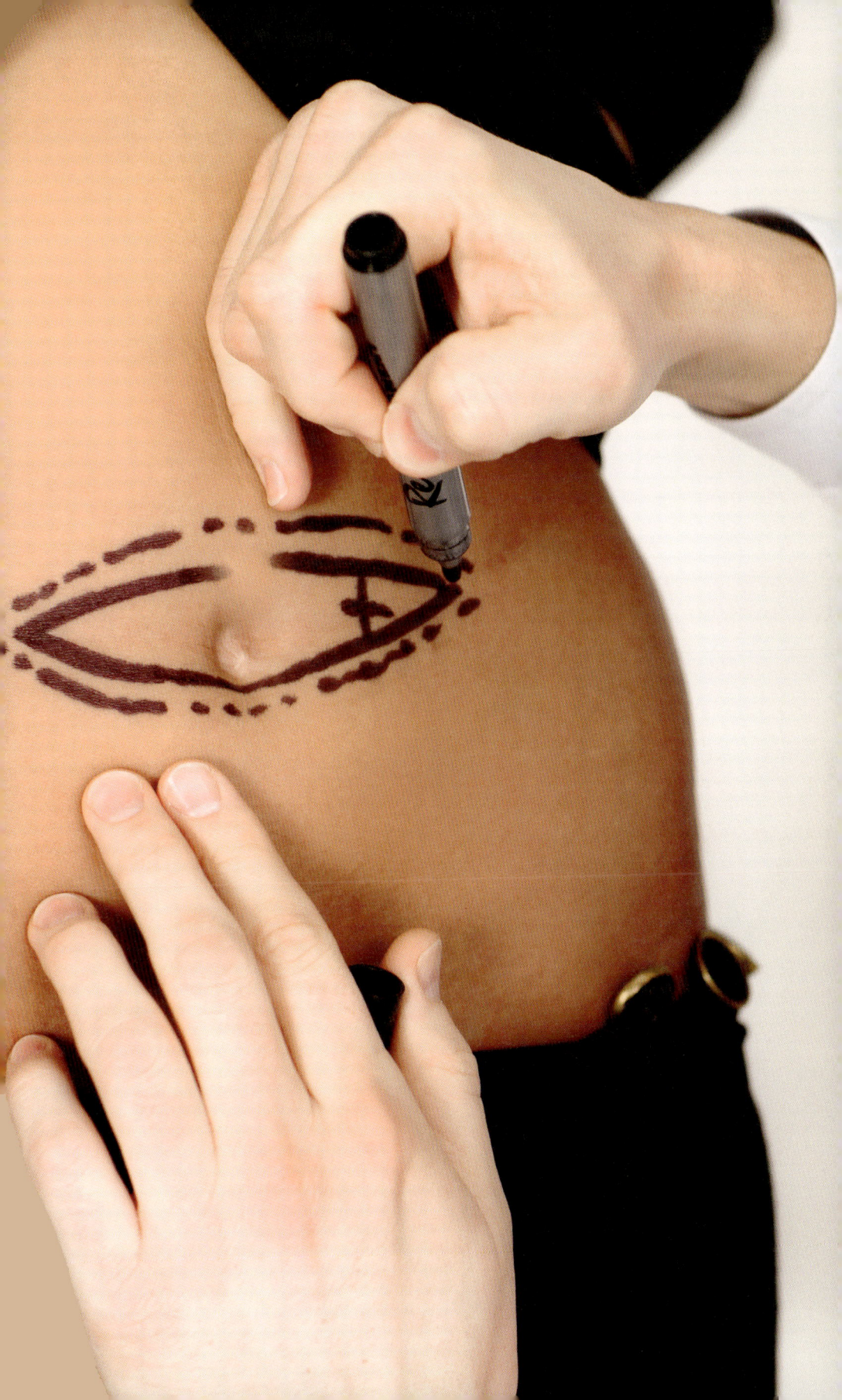

und dia fühlet sich ersch gschmoichelt,
wenn me A'erkennung heuchelt
und 'ne saggt im Lobeston:
„Suuper, dei nei's Silíkon."

Irgendwenn wird's soweit komme,
dass me nemme u'benomme,
ohne schönheitsoperierte,
sprich zum klassisch korrigierte
Zinke sich auf d'Schtrôß naustraut –
weil des jede Chance verbaut.

Alle zoiget mit em Finger
auf 'n: „Guck, der hässlich Dinger,
wia DER umenander lauft
und aus Geiz koi Schönheit kauft!"

Mann, was kommet dô für Zeite …
… dia schafft bald scho Minderheite!
Durch dia neie Metzgergilde
wird sich a Apartheid bilde:
Ei'schlägige IN-Lokal
werret künftig ganz brutal
rot an d'Eigangsdier naschreibe:
„WIASCHTE MISSET DRAUSSE BLEIBE."

Was mi freilich frait debei:
Dr. Mang kommt au it nei!

Ärgre ...

... kennt me sich jô x Môl am Dag! Ieber dia ewig rot Ampel. Ieber den Drialer im vordre Auto, den me it ieberhole ka. Ieber de Nôchber, der sein Mercedes so dackelhaft vor de Ausfahrt parkt. Dass d'Zah'paschtatub' nia richtig zuag'schraubt isch. Oder dass me juscht mit zwoi volle Suppedeller in de Händ mit em Jackeärmel an de Dierklink' hängebleibt. Also Gründ gibbt's grad gnuag, um sich von morgens bis ôbends grün und blau z'ärgre. Ieber des und sell, ieber den und jenen, ieber alls und nix! Sofern m's will ... s'zwingt oin jô koiner dezua.*)

Nun – so verschiede, wia d'Mensche sind, so verschiede ganget'se au mit de berühmte „Unbilden des Alltags" um. Dô isch de oi, der sich luschtvoll (s. o.) ieber jeden Fliagedreck aufreggt, quasi aufrege mecht, und debei gar it merkt, dass 'r, ohne was dra ändre z'kenne, jô bloß sich selber und seiner G'sundheit schadet.
Dia arm S...eele.

De Nächschte merkt zwar, dass 'r mit sei'm Ärger nix ändert, ärgert sich denn aber, dass 'r sich ieberhaupt g'ärgert hôt. Und des isch fei ersch recht ärgerlich ...

Und dia dritt Variante? Guat, dia ärgert sich au (zoig m'r den Iebermensche, der sich immer im Griff hôt), ka aber nôch re gewisse Zeit augezwinkernd drieber schmunzle. Ieber des, was oin g'ärgert hôt. Ieber den, der oin g'ärgert hôt. Und weil me des meischtens selber war, au ieber sich. Des vor allem! Wia befreiend ...

*) Devo ausgnomme sind nadierlich Steuernôchzahlunge, hohe Heizölrechnunge, Schtrôfzettel und streitsüchtige Nôchbre mit re Rechtsschutzversicherung. Des jetzt bloß môl als Beispiel.

De Klugscheißer

Herr Sokrates war zweifellos
an Wisse und Gelehrtheit groß.
So wissend war der Ma sogar,
dass 'r je wissender 'r war,
beim Wissenszuawachs auf a Neu's
scho gwisst hôt, dass 'r gar nix woiß.

Des isch nadierlich jetzt u'gfähr
zwoiahalbdausend Jährle her
und liegt uns inhaltlich scho fern …
… denn längscht isch s'Gegendoil modern,
des hoißt – beim Wissenspotential
lauft's heit umkehrt proportional!

Je kläglicher de Wissensstand,
je größer, und zwar ganz markant,
isch (chronisch bald) de Selbschtbetrug,
me sei gebildet und sehr klug.

Des klingt a bissle gschwolle jetzt
und hoißt auf Schwäbisch iebersetzt:
Je doofer oiner underm Strich,
für um so gscheiter hält 'r sich
und moint, 'r häb, it z'knapp bemesse,
d'Weisheit mit Riese-Löffel gfresse.

Dia meischte quasslet no deher
zack-zack – wia a Maschinegwehr
und gebet hundert Schtatements ab …
… jô klar, der braucht a große Klapp,
weil ersch, wenn 'r sei Gosch verrenkt,
erfahrt 'r, OB und WAS 'r denkt.

Und im Vergleich zu Sokrates
hôt seller au koin Seelestress,
weil DER, dô schliaßt sich jetzt de Krois,
jô gar it woiß, dass 'r … nix … woiß!

Abstoßend und viel schlimmer aber
isch no des nervige Gelaber
von dene, dia oim sage misset,
dass se im Voraus alls scho wisset.

Was immer oim isch U'guats gscheah,
DER Typus hôt des komme seah;

wenn me môl it erfolgreich war,
war's DEM von vornerei scho klar;

hôt wer di reig'leggt, hoißt's: „Du Henne,
des hett i d'r glei sage kenne …"

… und spürt de Ma en Wegglaufdrang –
denn woiß DER des scho ewig lang!

Doch klagt me, seelisch halb zerhackt:
„Herrschaft, warum hôsch denn nix gsaggt,
wenn de scho merksch, dass's bei mir hôkt",
isch d'Antwort: „Hôsch mi jô it frôgt."

Des isch, wenn oin en Kummer schlaucht,
DER Seelebalsam, den me braucht!
So ebbes druckt de Bluatdruck nauf,
dô kommet Aggressione auf.

Drum nimm i's dene langsam krumm!
De Nächscht, i schwörs, den bump i um,
demit s'em dämmert siadendhoiß –
dass's nix isch, wenn me alles woiß!

S'trifft immer mi …

Wenn was denebe laufe ka
oder s'mueß oiner hindena –
nôch kasch scho under Garantie
drauf gange: S'trifft halt immer mi.

Bloß môl zum Beispiel, ohne Witz:
Ganz u'abhängig, wo i sitz –
in me Konzertsaal oder so,
in me Theater irgendwo,
in Halle oder Kloikunschtbühne,
in Vortragsräum oder im Grüne,
in me Kulturzelt, im Lokal,
in Büchereie. Ganz egal –
halt dô, wo schlicht gsaggt, ebbes gschieht
und wo me na'goht, dass m's sieht,
verwisch i fascht zua nainzg Prozent
en Platz, den i verfluache kennt …

… weil vor mir hocket obligat
en Mensch im XXL-Format;
genauer no: quantitativ
en Floischberg wia a Felsmassiv!

Des isch so was von u'bequem!
Dô frôgsch de doch, was masch mit dem?
Kannsch en jo schlecht in Rücke stupfe
und sage, er soll nunderschlupfe,
sich underm Stuahl kloi zammefalte
und so dia Stellung zwoi Stund halte.

Au derf m'en it vom Sitz rabschmeiße
und in dia hinder Roih verweise –

oder seim Nôchber auf de Schoß ...
... des alls isch völlig aussichtslos!

I ka bloß a) mit Missvergnüege
mi gfruschtet in mei Schicksal füege
oder halt b) de Saal verlasse
und dia Veraschtaltung verbasse.

Müßig zum sage, dass i bleib
und liaber Sitzgymnaschtik treib,
demit i von der Szenerie,
dia vorne spielt, a weng was sieh ...
... au wenn der Riese sabotiert
und d'Sicht mir vertikal halbiert.

Also, wia gsaggt: I nimm's in Kauf
und bau mi in meim Sessel auf,
schiel mühsam mit me Jeeseszorn
schäbbs an seim Ohr vorbei nôch vorn,
verrutsch de Bobbes, mach mi krumm
und häng mi ieber d'Lehne num ...
... worauf, als sei i noid gnuag gschtrôft,
linksseitig s'Hinderdoil eischlôft.

Auf a lahms Fiedle it erpicht
verlag'r i also wieder s'Gwicht,
verrutsch de Bobbes, mach mi krumm
und schwenk zur andre Lehne num,
bin also wegg der Fehlbelegung
hüftabwärts allbott in Bewegung.

Jetzt bleibt, um s'Ganze zuazumspitze,
der Schwungguschtel au it still sitze,

noi der bewegt sei Riesekreiz
nadierlich wieder seinerseits ...

... des hoißt, der drängt mir jô im Lauf
der Vorstellung sein Rhythmus auf,
was – weil auf irre Art verkopplet –
quasi mei Schwenkfrequenz verdopplet.

So pendlet mir all Augeblick
der rechts, i links und kreizweis zrück –
und wia i mi grad a'basst hett
an des aparte Stuahlballett,
bleibt glatt der fiese Findlingsbrocke
z'môl völlig u'beweglich hocke
und wirft mi aus meim Wiegetakt!

Doch weil – und jetzt wird's echt beknackt –
der Rübezahl dô vornedra
scheints doch it lang ruig hocke ka,
gôht's wieder los: Der links ... i rechts ...

... und plötzlich hör i a Gekrächz,
und ebber keift von hinde rei,
ob i denn no ganz bache sei,
mein Veitstanz wär schlicht Infamie!

Hôn i's it gsaggt? S'trifft immer mi ...

Nôchbre
(auf em Deller)

Menü:
Roastbeef vom Allgäuer Weiderind in Kräuterkruste an See-Gemüse und Kartoffelgratin

A Roschtbief, rosabraun-brünett,
sieht visavis a Gmüesbukett,
und s'Gmüesbukett guckt wiederum
zum Roschtbief gegenieber num.

Sia starret sich verwundret a –
weil koiner sich erkläre ka,
warum se plötzlich, ganz spontan
auf dem perlweiße Porzellan
vom Küchechef schnell-hurtig-gschwind
u'gwollt zua Nôchbre worre sind.

Und scho knurrt s'Roschtbeef seeleschwer:
„Wo kommsch denn du auf oimôl her?
Bis jetzt war d'Dellermitte hier,
bei Gott, mei Exclusivrevier …
… und zwar mit dem erklärte Ziel,
dass iii dia wichtigscht Hauptroll spiel!
Hôsch des kapiert? Hier auf DEM Deller
bin iii – s'Roschtbief – de Hauptdarsteller!
Drum komm, du Peschtizidverpfuschte,
m'r jô it an mei Kräuterkruschte,
sonscht klag i wege Grenzverletzung
auf übelschte Menü-Verhetzung!"

Dô fangt au s'Gmües zum meutre a:
„Du Floischbatze, gieb it so a!

Was wärsch du denn scho ohne mi
in de Aroma-Szenerie?
I rund di gschmacklich doch ersch abb!!
Drum halt dei Allgairische Klapp!
Und übrigens: wia schwach und flach:
„Sir ROASTbeef" – pah ... dass i it lach;
doch s'nützt d'r nix, dei Vornehmdua:
Hier saggt me „Roschtbrätle" dezua!"

Aua – des trifft mit Sicherheit
dia Rinderlendeeitelkeit!
De Brôtestolz isch so verkratzt,
dass schier gar s'Kräuderkrüschtle platzt,
und hochbeleidigt schreit jetzt s'Floisch:
„Du Grünfudder, was du alls woißch!
Nennt sich „Gemüs'-Bukett vom See" ...
... warum it glei „Légume-Bouquet"?
In Wirklichkeit, was bisch denn scho:
Fünf Rüabespänle oder so
mit drei, vier Knöschple Brokkoli ...
... und dô – Mann – attackiersch du mi!!!"

So gôht's minuddelang u'gfähr
no zwische dene hin und her,
bis se ganz firchterlich erschrecket
und Käskartöffele entdecket,
dia mit re Knuschperhaut am Grind
jetzt glatt dia dritte Nôchbre sind.

Und scho – oistimmig im Duett –
stöhnt s'Roschtbief samt em Gmüesbukett,
und zwar jetzt moinungsgleich-synchron:
„Gott! A Kartoffel-Invasion,

dia uns de Deller no verbebbt!!!
Bis jetzt hend m'r guat ohne g'lebbt!!"

(Gell – wia me sich zua zwoit verschtôht,
wenn's z'môl gege en Dritte gôht …!)

„Gratin", schimpft s'Gmües komplizehaft,
„nennt sich dia greislig Nôchberschaft;
früehr hôt me, sogar bei de Preuße,
so ebbes schlichtwegg „Auflauf" ghoiße;
aber nôjô … so isch es ebe:
Wer a'gibbt, der hôt meh vom Lebe …."

„Und iiiieeeberhaupt", moint s'Floisch zum Gmuus,
„d'Herkunft isch au weng diffus!
Dia Boddebirre sind womeglich
Reigschmeckte, Fremde – unerträglich,
was sag i – oifach fürchterl…"

… dô trifft des Floisch en Gabelstich
und wird, während's vor Zorn no qualmt,
von harte Backezäh zermalmt …
spürt no beim Rutsche durch de Schlund
im Rücke de Kartoffelschund,
an den sich, durchmesserbedingt,
a klois Karöttle schmiegt und schlingt.
Doch was des Floisch am meischte peinigt,
isch, dass im Leib sich alls vereinigt.

Und scho isch nemme wahrnehmbar,
ob's Roschtbief oder -brôte war,
dô wird au nia meh Wert drauf gleggt …
d'Hauptsach isch – s'hôt em Gaume gschmeckt
und d'Gäscht machet a zfriedes Gsicht!
Jô, und d'Moral von derre Gschicht?

Wer an Profilneurose leidet,
wer allbott mit de Nôchbre schtreitet,
wer von seim Seelegift befliegelt,
de Zwoit gege de Dritt aufwiegelt
den butzt mitsamt Charakterdreck
de Boinerkarle au môl wegg;
und ob 'r Bänker, ob Notar,
Professer, Schultes, Maurer war,
ob Macho oder Quotefrau ...
des intressiert am Grab koi ... Mensch.
D'Hauptsach isch doch – de Sarg bleibt dicht
und d'Erbe hend a zfriedes G'sicht.

So sei zum x-te Môl betont,
dass Streit und Neid sich halt it lohnt,
denn alle, laut Schöpfungsprogramm,
kommet als ... Staub eh wieder zamm.

D'Ledercouch

Sie: in meim Ess-/Wohnzimmer
isch bis vor kurzem immer
en Zwoisitzer no gschtande,
mit wiaschte Polschterkante;
arg abgwetzt scho und schäbig –
au d'Farb war nemme lebig:
s'Blau, von de Sonn verschosse,
war in Lehmgrau verflosse.
D'Sitzfläche war verhocket,
de Schaumschtoff hôt scho gflocket,
de Blick auf d'Seitelehne
war ebefalls koin schene,
schmal war au s'Rückekisse,
me hett's aufpolschtre misse …

… also i sag bloß oins:
A Schmuckstück war des koins!
Fascht, s'gibbt nix zum verbräme:
hôn i mi misse schäme
für des (als stünd's beim Pöbel)
abgwirtschaftete Möbel.

Im Traum bin i indesse,
auf me Sofäääle g'sesse,
sowas von toll und klasse,
und Schtar-Designer-Rasse!
Klassisch, ohne Verzierung,
in Edel-Top-Ausführung,
bis hindenum zum kleinschte
qualitativ vom Feinschte,
und logisch, s'ahnt wohl jeder,

in echtem helle LEDER,
fascht wia in „Schöner Wohne!"

Doch Träum und Illusione
sind – s'isch a alte Leier –
halt meischtens jesesdeier,
und i hôn's, s'war zum Flenne,
mir drum it leischte kenne.

Und also isch no immer
im Ess-/Wohn-/Fernseahzimmer,
trotz hiehne Polschterkante,
des alte Riaschter gschtande.

Guat, oins mueß me scho sage:
D'Gäscht sind mit Wohlbehage
– hôt d'Eleganz au bocket –
um's Lebe gern drauf g'hocket.

De Sohn samt Kilomasse
hôt sich neiplotze lasse
und d'Dochter von meim Junge
isch Trampolin drauf gschprunge.

Au mir war'se, ganz ehrlich,
beim Fernseah u'entbehrlich,
weil me so herrlich penne
und rumfläze hôt kenne …

Kurz – sia war u'bestritte
trotz Mängel wohlgelitte,
umkehrt – wohl grad deswege
hend d'Leit mei Sofa mege …

Jetzt schtôht im Wohn-/Ess-Zimmer
im feinschte Perlmuttschimmer
klassisch, ohne Verzierung
in edelschter Ausführung,
bis hindenum zum kleinschte
qualitativ vom Feinschte,
exakt an gleicher Stelle
a LEDERcouch, a helle,
dia sich todschick gebärdet
und Ei'richtung aufwertet ...
So isch mein Traum a'fange
doch in Erfüllung gange!

Bloß d'Fraid dra, s'glaubt m'r koiner,
wird leider immer kloiner,
weil, d'Couch ka no so locke –
koi ... Mensch mecht auf re hocke!

Hobbymôlerei

Des Hobbymôle isch modern,
grad reifre Fraue dund's recht gern,
denn irgendwia, gell – d'Lebensbahn
lauft nemme ganz so recht nôch Plan.

D'Kind sind scho länger aus em Haus,
de Ma isch müad, s'fehlt de Applaus,
alls isch so leer und fad drumrum,
und also gibbt's a Vakuum,
des es jetzt auszumfülle gilt,
etwa mit Môle von me Bild.

Und sooo schwer ka dia Môlerei
wenn me sich a'strengt, gwieß it sei!
So a paar bunte Klecksle mache –
dô gibbt's wohl schwierigere Sache …

… uuund wenn i denk, wer's no alls duat,
nôch glaub i, bin i grad so guat.

So motiviert gang i in d'Stadt,
kauf m'r en Block mit hundert Blatt,
no Kohlestift so Schtucker vier,
hock mi in Park nei und … skizzier.

Des hoißt … i dät jô gern skizziere,
bin eifrig au am Rumprobiere,
doch i ka Strich und Linien ziah:
Was s'sei soll, des erkennt me nia.

Also halt nômôl auf a Neis,
wia hoißt's doch, ohne Fleiß koin Preis;

doch was i zeichne, hôt koi Spur
von Perspektive und Kontur,
statt Umriss sind des eigentlich
bloß Pünktle, Pünktle, Komma, Strich.

Kurzum, bei Durchsicht meiner Werke
war klar, Zeichne isch it mei Stärke,
drum wend i mi jetzt hurtig-schnell
zum duftig-zarte Aquarell.

Fahr flugs in d'Stadt und kauf dô mir
fünf Pfund japanisches Papier,
a Wasserfarbegarnitur
und gang mit allem in Klausur.

De Nôchbersbaum isch mei Motiv …
… i stürz mi au glei obsessiv
ins grüne Blätterrausche nei,
um dem „Süschee" gfühlsnah zum sei.

Als zwoits studier i d'Proportion,
denn suach i nôch me Mittelton
so zwische raupegrün und braun …
… des isch fei schwierig, und i staun,
warum dia Mischung, dia's ersch bringt,
mir's x-te Môl scho it gelingt.

I môl fruschtriert und wenig heiter,
weil's Blättle nass isch, trotzdem weiter;
doch späteschtens, wo s'Baimle stirbt
und in de Wasserfluat verdirbt,
isch's wieder môl soweit. I merk:
Au des Bild wird koi Meischterwerk!

Noch dem Fiasko, saggt mei Gfühl,
wär's vielleicht besser mit Acryl!
Môl seah, ob i, wenn i mi zwing,
it au a Bildle fertigbring!
Me wirft doch d'Flint it glei ins Korn …
… und so befliegelt von meim Zorn
deck i mi mit re Staffelei,
Acrylschmierbe und Leinwand ei …

… UND Für den dritte Kunschtparcours
mit passender Fachlitratur.
Dô lern i ganz bequem und praktisch
dia Technike autodidaktisch.

Aufzoge sind dia Büacher toll!
Drin schtôht, was me beachte soll
bei Bildaufbau und Symmetrie,
also die nedig Theorie,
dia, wenn me' geischtig sia durchdringt,
also kapiert, so oifach klingt …
… aaaber, und dô isch schärfschtens z'trenne:
Me sodd's halt au umsetze kenne.

Und hôôrscharf des isch mei Problem!
Doch s'isch m'r wurscht, i môl trotzdem,
hol munter mit em Pinsel aus
zum kühne Strich – und rutsch rechts naus,
strichle au glei, weil i erschrick,
schräg rab a Stückle wieder zrick,
und sieh als Resultat en Balke,
seitwärts num abgnickt wia en Galge.

I guck dia Kataschtrof kurz a
und denk, ob i's so lasse ka;

me kennt's, wedd me wohlwollend bleibe,
als „Bäumlesschrei im Sturm" beschreibe,
oder – denn scho extrem abschtrakt –
als reduzierte Männerakt???
Indesse – noi, des lass i lieber
und spachtle schnell drei Schichte drieber,
expressionistisch zersch in Grau,
denn meh in Pink, schliaßlich in Blau …

… doch jedesmôl isch s'Endergebnis
weit wegg von me Erfolgserlebnis,
woraus sich – klar – d'Erkenntnis schält,
dass mir scheinbar d'Begabung fehlt,
und dia isch au beim Pinselschwung
no alleweil Voraussetzung.

Obwohl, wenn i dra denk, was i
it alls bei Vernissasche sieh,
staun i scho môl für en Moment,
wer sich dô alles – Künschtler nennt …!

Egal:
Mit Öl, i war scho so fruschtriert,
hôn i's denn gar nemme probiert.
Mei Nôchwelt, so isch d'Eisicht gweah,
wird nia a Kunschtwerk von mir seah;
logisch, dass es koin Spass meh macht,
wenn d'Umwelt spöttisch mi verlacht,
weil re mei Môlerei it gfallt …

… jetzt nerv i se mit Dichte halt.

D'Rose

I mecht mol schnell a Gschicht' verzehle ...
I find, dia soll und derf it fehle,
weil i – obwohl scho hundertfach
vortrage – heit no drieber lach:

A Frau, dia aus em Hafe stammt,
begleitet dô a Ehreamt
und wird, weil d'Arbet sonscht nix nützt,
von a me Team no understützt,
demit's gelingt, was aufzumbaue.

In dem Fall gôht's um vier, fünf Fraue,
dene mei Fraindin môl mit Recht
endlich a Dankschee sage mecht,
und zwar, jô durchaus angemesse,
im Rahme von me Weihnachtsesse.

Und jetzt gang i in medias res:
Dia Dame ganget zum Chines',
wobei mei Fraindin, wia se saggt,
en Strauß voll Rose mit sich traggt,
dia se denn später (so u'gfähr
wenn's Zeit wird langsam fürs Dessär)
der Runde für den Jôhresdrill
als Dankesgeschte schenke will.

Hier gôht's (me lôsst sich jô it lumpe)
gwieß it um Aldi-Rosestumpe,
sondern hier gôht's um Roseglück
aus England für fünf Euro s'Stück,
weil, s'derf jô – fern von Protzerei –
a bissle môl was Bsonders sei,
zuamindescht ebbes bsonders Schee's!

Sia gibbt dia Rose em Chines
und saggt (weil'ses hôt wegg hôn welle):
„Dätet ses ... kurz ... ins ... Wasser ... stelle,
demit nix hiegôht? Jô, und wenn
i's an meim Disch brauch, sag i's denn."

Dia Dame underhaltet sich,
esset und trinket königlich –
und nôch re a'gemessene Zeit,
denkt denn mei Fraindin: S'wär glaub Zeit –
dass m'r de Ober u'bedingt
dia langstielige Rose bringt.

Der bringt se au auf em Tablett ...

... hôt aber d'Rosekelch adrett
(was meiner Fraindin s'Atme raubt)
jeweils in Miniväsle gschraubt,
ohne sich groß dô drieber z'gräme
und für dia Sti(e)llosigkeit z'schäme.

Mei Fraindin haucht, soweit ses ka:
„Sind Sia des Waaahnsinns, guater Ma???!
I hett dia Rose gern komplett,
also mitsamt de Stengel ghett!!"

„Oh", saggt er, „solly, gude Flau!
Doch ich elinnle mich genau,
dass Sie sind schuld an dem Schlamassel:
Es hieß: Stellen'ses kulz ins Wassel."

De zerstreute Professer

Mein Fraind, en ältre Herr bereits,
gôht gern in d'Sauna oinerseits,
schätzt aber, um sich auszumstrecke,
andrerseits au s'Thermalschwimmbecke.
Klar dass er s'oi UND s'andre duat,
denn boids isch jô für d'Knoche guat.

It guat isch, wenn er stressbedingt
de DRESSCODE durchenanderbringt,
weil s'gilt bekanntlich jô it s'Gleich'
in dene boide Nassbereich …
… me hôt, wia me sich denke ka,
bloß in de Sauna drin … nix a.

Mein Fraind, frisch aus de Dampfkabine,
marschiert indes mit froher Miene,
stolz wia en Pfau ohne Beeilung
durch s'Terminal in d'nächscht Abteilung,
um dô gege diverse Leide
ins dreißg Grad warme Wasser z'gleite.

Was freilich auf em Weg dôna
er sich it ganz erkläre ka,
isch, warum d'Leit, dia ihn dô seahet,
verwundret nôch em d'Köpf verdreahet
und Fraue, dia vorieberdüeset,
ihn z'môl so ieberfraindlich grüeßet.

Komisch, denkt er, a weng scheniert,
des isch m'r jetzt no nia bassiert.

Endlich im Wasser drin, schwimmt er
genüsslich hin, genüsslich her
und zupft debei gedankelos
an seiner blaue Badehos …
… des hoißt, er zupft erfolglos dra –
weil hoi: er hôt gar koine a!

Halbglähmt vor Schreck, denkt 'r entsetzt:
„Herrschaft nômôl, was dua i jetzt?
I ka doch it bis zehne schmachte
und im Schwimmbecke iebernachte!
Oder vorm ganze Menschehaufe
jetzt z'môl auf alle Viere laufe!
Doch komisch, gell, jetzt, wo i's woiß,
wird's m'r abwechselnd kalt und hoiß
und i wirr rot bis zua de Ohre,
weil jetzt hôn i d'Uschuld verlore."

Doch statt s'Problem nass zum verdöse,
entschliaßt 'r sich, es so zum löse:
Er saggt sich, in de Badehalle
kennet mi jetzt jô eh scho alle,
jetzt mach ne halt nômôl dia Fraid …
sag zua de Männer: „No koin Neid",
und frôg dia Dame voll Noblesse:
„Bonsoir, wellet se mei Adess?"

Gschtärkt durch den tolle Psycho-Trick
lauft 'r stolz budelnacket zrück …

… doch jetzt – mitunder lauft's scho dumm –
gucket koi Mensch meh zua em num.

(Isch in Bad Endorf echt so passiert)

So wia m's ziaht …

… so hôt m's!

En geniale Spruch: kurz, knackig und s'ganze Galama um d'Kindererziehung komprimiert auf de Punkt brôcht. Me frôgt sich, wozua no jeden Dag zig neie Pädagogik-büacher, Erziehungs-Rôtgeber und kinderpsychologische Abhandlunge verfasst und auf de Markt gworfe werre misset. Was Eltern wisse sollet, steckt doch scho alls in derre kluge Volksweisheit drin, nämlich dia schlicht Erkenntnis: Jeder hôt dia Kind', dia 'r verdient!

Jetzt hôt allerdings jede Generation ihre oigene Vor-stellung von de Kinder"aufzucht", und so wiederholt sich regelmäßig alle fünfazwanz'g Jôhr (im Schnitt grechnet) s'Gleiche: Dia Alte gucket misstrauisch drauf, wia dia Junge IHREN Nôchwuchs erziahet. Viel z'lasch nadierlich, z'nôchgiebig und in Watte packt – was soll dô amôl draus werre??? Aber gell … bei dene moderne Müddre heitzuedag …!!!

Früehr, also vor fuchz'g, sechz'g Jôhr no hôt me erziehungstechnisch it lang g'fackelt … dô hôsch schnell môl oine hinder de Ohre ghett. Und ieber verzogene Rotzaffe hôt's gern ghoiße: „DIA – wenn se mir ghöre dädet …!"

Solche rigorose Methode hôn i scho bei meim Sohn it guatg'hoiße, und jetzt bei meiner kloine Enkeldochter ersch recht it. I ka me jô beherrsche! Obwohl … leicht isch des au it immer!

Dia richtig' Erziehung

Also, ehrlich gsaggt, wenn i
heit dia junge Müddre sieh
in ihr'm redliche Bemüah,
ihre Goof … äh … Kinder zu erziah –
und vergleich des denn mit frühr …

… frôg i mi, wia hend denn mir
unsern Nôchwuchs u'verboge
zua Erwachsene erzoge,
ohne dass se heit latent
ebbes an de Waffel hend?

Guat, o.k., des mueß me wisse:
Sia hend viel meh folge misse;
hôt ne, au wenn's Herz hôt bluatet,
môl a klares NEIN zueag'muatet!

Mir sind it mit unsre Range
däglich d'Fraindin bsuache gange,
und wenn d'Kind hend Bledsinn triebe,
seeleruuuig hockebliebe;
unsre Kinder hend it dürfe
an wildfremde Möbel schürfe –
und in Gschäft vor alle Dinge
it im Schaufenschter rumspringe!

Mir hend d'Kind mit Kochtem g'füttert
und sind it ins Kaffé gflittert;
mir hend au it allbott klaget,
dass d'Kind oim de Nerv zernaget
und sind au it, angschtdurchdrunge,
glei zum Kindspsychiatr gschprunge …

... kurz, mir Ältre hend u'gloge
unser Brut no gscheit erzoge
und, ganz klar, bei Dag und Nacht
oifach alles richtig gmacht.

Allerdings – des gib i zua:
Wenn i z'rückdenk an mein Bua,
hör i heit mei Mudder no:
„Mensch, verwöhn den Aff it so!"
Und scho war'se laut am Plärre:
„Gott, was soll aus DEM môl werre ...??"

Nebebei: Mei Oma selig
hôt – scho alt und knödelkehlig –
vor fuchzg Jôhr mei Mutter packt
und de gleiche Spruch aufgsaggt –
grad so streng und vorwurfsvoll,
was aus MIR môl werre soll.

Aber um sich's zua verschpare
und um's nemme zua erfahre
wia d'Erziehung mi verdorbe ...
... isch se liaber vorher gschtorbe.

Mudderdag

Immer im Mai isch bekanntlich Mudderdag.
Ob zua Recht oder bloß als Gschäftlesmacherei –
dô drieber will und derf i it befinde. I für mi jedefalls
hôn dia oidägig Solitärehrung meiner müdderliche
Leischtunge (dia im übrige au no heitzuadag von
meim inzwische iebermäßig erwachsene
„Sohnibuzzihasi" gern abgruefe werret, und zwar
ganzjährig, des bloß môl so nebebei), also des:
„Dô Mamme, i hôn d'r en Strauß kauft, und
jetzt mach nôche, dass m'r rechtzeitig zum Esse
nauskommet, i sodd wieder hoim ...", also dia
Heuchelei hôn i scho lang abgschafft.

Guat! Ohne Zweifel isch so en verordnete Gedenkdag
für manchen vielleicht doch en A'stoß, wenigschtens
oimôl im Jôhr nôch seiner alte Mudder z'gucke!
I woiß es it. Aber sei's wias sei: Was meiner Moinung
nôch als sicher gelte ka, des isch doch, dass es bei
de Spezies Mensch inzwische a broit gfächerts
Muddera'gebot in alle Macharte und Farbschattie-
runge gibbt. Als dô wäret: D'MUTTER, des klassische
Modell. D'MUTTI, dia perfekte, wenn au bisweile
a weng kühlere Version; denn wär dô no d'MAMME,
a eher robuschte, a'loin-bebuste und troschtspenden-
de Ausgab, denn dia MOM, a relative Neukreation,
dia – auf jung trimmt – im Lederjäckle und kurze
Rock mit in d'Disco socket. Und schliaßlich no dia
antiautoritäre, meischtens linksliberale und wald-
hornschual-infiltrierte Gebärerin, dia sich von ihre
Kind beim Vorname ruefe lôsst.

It fehle dierfet jetzt no dia Rabemüddre, Löwemüddre,
Glucke usw., usw., – und des isch jetzt blôß môl
a kloine Auswahl. In Wirklichkeit gibbt's jô no viel
meh. Aber des roicht jetzt.

Halt, halt – oi Mudder-Variante hett i jetzt doch
beinôh underschlage, und zwar des bei de
erwachsene Kind äußerscht beliebte Exemplar:
Dia nämlich, dia sich in alls eimischt. Soll's gebe.
I sieh jeden Morge oine im Spiegel. Drum verlang
i zum Mudderdag au nia en Blumeschtrauß.
I dät eh koin kriage!

Oma werre isch it schwer ...

Echt – hôn i früehr a Oma gseah,
denn bin immer neidisch gweah
und hôn zum Sohn gsaggt: „Echt perfid!
Mach' endlich nôche, dass was gschieht!"
Und in re hoiße Liebesnacht
hôt 'r denn scheinbar nôche gmacht –
jedefalls gibbt's a Enkelin,
sodass i jetzt au Oma bin.

Klar denk i, blind wia Omas sind,
sia sei des s'allerschönschte Kind,
und wenn i in meim Sichtbereich
sia mit Gleichaltrige vergleich,
denn regischtrier i luschtvoll: Dia
kennet it naschmecke an sia!

Was isch dia goldig, liab und siaß,
so woich vom Kopf bis zua de Fiaß,
und au so pfiffig scho und gscheit,
so klug, dô staunet alle Leit.

Logisch isch dia kloi Schnucki-Maus
in de Entwicklung weit voraus!
Mit ihre knapp fünfahalb Jôhr
rechnet dia Goiß mir scho was vor,
probiert au, ihren Name z'schreibe –
also, dô kasch bloß d'Auge reibe!
So a tolls Kind, so u'verboge,
so munter und ... tipp-topp erzoge!

Schade, dass i den Butzel nie
oder bloß alle Schaltjôhr sieh;

was dät i alls für tolle Sache,
wenn se bei mir wär, mit re mache ...

... und sia dät gwieß mit ihrem schlanke
und feine Kinderhändle danke,
indem se iebern Kopf mir streicht
und it von meiner Seite weicht ...

... wenn i was abschlag, fraindlich lacht
und was i sag, gehorsam macht ...

... und drum, dia Frôg druckt mi scho schwer:
Wann kommt des Kind môl zua m'r her?
I mecht it ewig, heidennei,
am Telefon bloß Oma sei!

Dia Not hôt denn a Ende gnomme:
Im letzschte Sommer isch se komme –
i bin vor Fraid an d'Decke bald ...

... also – i moin, am Afang halt!

Denn schnell war klar im Iebermaß:
Des Butzi isch a Rabeaas
und i, trotz innigschter Bemühung,
a Opfer fehlender Erziehung!

Ihr ausgeprägte' Machtinschtinkt
mi fascht gar zur Verzweiflung bringt;
denn bitte, gell, wer bleibt scho still
bei ständigem: „I will, i will!"
Und hôn i a weng gmault: „Du Fratz,
füg môl a „bitte" in Dein Satz",

war d'Reaktion a Riesegschrei:
„Des sag i meiner Mammi fei."

Dass se beim Frühstück Faxe treibt,
s'abissne Brot oft liegebleibt,
dass, logisch, d'Kabatass umkippt
und sia oft schnippisch Antwort gibbt ...
... guat, des verbuacht me glei am beschte –
under: Sia will halt d'Grenze teschte.

Aber mir bleibt scho d'Spucke wegg,
wenn denn der siaße Omaschreck
mir meine Stöckleschuah stibitzt,
drin rumklepft und s'Parkettholz triezt,
auf der Terrass mit rumspaziert,
und, weil se z'groß sind, prompt verliert ...

... worauf s'es, fuaßballtechnisch gschickt,
voll Schpeed ins Rosebeet neikickt -
und auf mei Forderung: „Hebb's auf
und brings wieder in d'Wohnung nauf",
mi glatt drauf na der Aff, der kleine,
a'goschet: „Spinnsch du? Sind des meine?"

I bin, des ka me au verlange,
fascht däglich mit re schwimme gange,
des ... hoißt ...: I hôn de Ball zuawerfe,
Schwimmfliegele aufblôse derfe,
als Bodyguard im Bad rumsocke
oder an Beckerand nahocke,
drei-, viermôl an de Kiosk laufe,
Eis, Kaugummi und Spätzle kaufe,
gnädigscht de Bobbes trockereibe –
doch meglichst sonscht u'sichtbar bleibe!!

Des hier beschriebne Omajoch
hôt schliaßlich mi a ganze Woch
durch Haus und Hof und d'Landschaft gscheucht
und meine Nerveschträng durchwoicht:

„Oma komm her, Oma gang wegg!
Oma, i mecht a Hefeschneck!
Oma, i will a hoiße Wurscht,
noi kalt, noi hoiß. Oma, hôn Durscht!
Oma, der Apfelsaft schmeckt bäh!
Oma, du hôsch jô krumme Zäh!
Oma, lies mir sofort was vor!
Oma, bisch daub, hôsch was am Ohr?
Ooooma, komm schnell, d'Uroma strampelt:
I hôn re grad s'Gebiss hietrampelt …"

Nôch acht Dag isch ihr Mamme komme
und hôt des Menschle mit sich gnomme;
i hôn ne fraindlich nôchgwinkt no
und aufg'seifzt denn: „Mei, bin i froh!"

Heit frôg i, wenn i Omas triff,
„Hôsch du den Kramp … dei Enkele im Griff?",
und acht von zehne saget gschwind:
„Klaar, desch a wunnnnderbares Kind!"
Drauf wird's m'r regelmäßig schlecht,
weil i find des so ungerecht!

Doch wenn de di denn nunderbuckscht
und näher der ihr Kind a'guckscht
und en Vergleich mit meim denn ziahscht,
denksch: „Guat o.k., defier isch's wiascht."
Und scho isch trotz Gehorsamsnot
mei Omawelt wieder im Lot!

Wenn's no au ohne enand gieng …

… also ohne s'jeweilig andre Gschlecht. Alles wär viel oifacher. Schtelleweis zuamindescht. Und zwar rum wia num, für Männle und Weible grad gleich.

Nôjô, sage m'r môl: Für d'Fraue wär's doch no a weng leichter als wia für d'Mannsbilder, weil selle sich jô für d'Krone der Schöpfung haltet. It alle, aber manche. Viele manche! Heit no!

Trotz Feminischtekampf. Trotz Gleichberechtigung der Frau. Trotz Alice Schwarzer. Oder vielleicht grad drum … so aus me innere, teschtoschteronpralle Abwehrmechanismus raus?!
Aber des gôht jetzt z'diaf in d'Psychologie nei.

Auf was i hôn nauswelle, isch des: Ohne den kraftzehrende Gschlechterkampf kennt unser irdischs Jammertal s'wahre Paradies sei. Me hett sei hoilige Ruah, koin Stress, dauernd em andre gfalle z'misse und nia en Grund zua re seelezerhäckselnde Eifersucht.

So schee kennt's sei … wenn's, wia scho gsaggt, halt ohne enand gieng! Aber des gôht it. Des Dumme an der ganze Beziehungsgschicht (heit saggt me „Kischte" dezua) isch nämlich: Me mag sich. Me will sich. Me braucht sich! Und dô dra wird sich wohl au nia was ändre.

Leider Gottseidank!

Modifizierte Schöpfungsgeschichte

Nôchdem de liabe Gott aus Staub
de Adam hôt erschaffe,
guckt er'n sich a und saggt: „I glaub,
mi lauset langsam d'Affe.

Jetzt isch mei Prototypmodell
für alle Menschemänner
zwar nett und au originell,
aber no längscht koin Renner!
Und i hôn g'moint, 'r sei perfekt,
debei, d'Hôôr kennt m'r raufe,
sind offebar bei dem Projekt
mir Fehler underlaufe.

Vom Material her äußerlich
wär jô nix auszumsetze,
an seiner Schönheit kennt me sich
sogar durchaus ergetze.

Stark isch 'r au, 'r strotzt vor Kraft
und lôsst gern d'Muskle spiele,
um juscht mit derre Oigeschaft
Beachtung zum erziele.

Und bei seim Geischtespotential
war i jô au it kleinlich:
Sei Denke, nüchtern-rational
schtôht em scho u'wahrscheinlich.

So hett beim Adam, technisch gseah,
nix gmanglet und nix glampet,

um s'Hôôr wär 'r vollkomme gweah,
hett i it zwoimôl gschlampet.
A) Hôn i wohl beim Schöpfungsakt
sei Gfühlswelt z'knapp bemesse,
des hoißt, juscht in seim Seeletrakt
de Woichspüeler vergesse.
Und B) s'Hormon viel z'hoch dosiert,
des in em brennt und zocklet
und ihn oft dôzua animiert,
dass 'r all kräht und gocklet!"

De Herrgott guckt mit trüabem Blick
auf sei Versuachsergebnis
und klagt, sei erschtes Gsellestück
sei koi Erfolgserlebnis.
Beim zwoite Durchgang aber mecht,
dô sei 'r jetzt scho oige,
als Meischter denn mit Fueg und Recht
sei wahres Könne zoige.

De liabe Gott fangt ohne Staub
und Asche a zum forme
au ohne Sand und nasses Laub,
ganz außerhalb de Norme.
Er nimmt zum neie Menschetyp
au koine Knochespunde
dô aus em Adam seiner Ripp,
dia Gschicht isch bloß erfunde.

Noi, noi – er greift zua Bleikrischtall,
wählt Rotgold und Brillante,
rafft Samt und Seide ieberall
mit zarte Silberkante;

mischt Sonnelicht und Himmelsblau
mit Rose, handverlese –
und draus entschtôht, me ahnts, dia FRAU
als götterähnlichs Wese!

De liabe Gott isch stolz auf sich,
wia ihm des Weib gelunge,
a wahres Kunschtwerk, meischterlich,
von Herz und Geischt durchdrunge!

So kennt me sage, zammegfasst,
dass s'Adämle deswege
nebb' seiner Eva schlicht verblasst:
SIA isch IHM ieberlege!

Ausgrechnet DÔ kommt's zua dem Fall,
wo d'Eva grausig sündigt
und drauf mit Blitz und Donnerhall
de liabe Gott ihr kündigt.
Er schreit re nôch: Du dummes Schôf,
mir s'Adämle verwirre,
des hôsch devo! – Jetzt muasch als Schtrôf
für ewig mit em gschirre!

Denn gôht 'r her und setzt im Lauf
kommender Ewigkeite
de Männerwelt Scheuklappe auf
für ihre Oigeheite.

Seit dôher lebet se im Wahn,
em Ausgangspunkt entgege,
d'Frau sei dem Manne untertan –
sprich, ER ihr ieberlege.

Der Moinung, me schtell des sich vor,
sind dia gesalbte Herre
jetzt scho seit Dausende von Jôhr ...
... dia wend it gscheiter werre!

Des hoißt, dass viele Männer blind
bis heit noid eiseah wellet,
dass d'Fraue ieberlege sind
und folglich Asprüch stellet.

Doch bald wird d'Eva – wia's môl war –
auf Adam runderschiele
und sage: „Ach, der bellet zwar ...
koi Angscht! Der will bloß schpiele."

Denn rueft se nauf zum Herrgott: „Schau,
mit deine halbe Sache!
Mei, s'gôht doch. Aber gell, als Frau
muesch alles selber mache!"

Männliche Eikaufstype

Dass a Frau gern bummle gôht
und vor Kloidergschäfter schtôht,
dass sia's, weil se drin was sieht,
magisch in de Lade zieht,
dass se wia elektrisiert
zeah Klamotte durchprobiert
und dass, wenn'se ebbes findet,
Luschtgfühl denn beim Kauf empfindet,
und vom Glückshormon durchspült
sich wia neigebore fühlt –
dôfür hôn aus oigner Kenntnis
i des allergrößcht Verständnis.

Wer demit im Allgemeine
isch it immer ganz im Reine
und des kaum begreife ka,
isch de zuaghörige Ma!

Freilich, s'männliche Verhalte
ka sich mehrschichtig entfalte,
Pauschalierung lieggt m'r fern:
Manche machet's sogar gern.

Ieberhaupt isch's intressant,
was sich dô so allerhand
ieber Typ und Oigeart
von de Männer offebart ...
... me mueß bloß kurz standebleibe
und môl Studien betreibe:

Scho hinder de Ladedier
saggt sei ganz' Benehme mir

ieberaus verräterisch,
welche Sort von Ma 'r isch.

Männe A: Der kauft mit ei,
druckt voll in de Lade nei,
stürzt sich ohne Diskussion
ratzfatz auf a Kollektion,
guckt, sondiert und suacht was aus,
reißt denn fünf, sechs Kloider raus,
hebbts de stumme Mamme na
und befiehlt: „Ziah des môl a!"

Dia ziaht's a – zersch môl des blaue,
denn des rote, denn des graue,
denn des gelbe, denn des grüne
hupft wia auf re Schaulauf-Bühne
auf und ab zersch, denn im Krois,
bis de Herr Gemahl môl woiß
reschpektive d'Mamme schnallt,
welcher Fahne 're jetzt g'fallt.
D'Lösung schtôht glei zu Gebot:
Dieser Kerl isch en Despot.

Männe B: G'wöhnt an Tirade,
der gôht au mit in de Lade,
wo 'r, weil dia Sach en schlaucht,
zersch môl heimlich undertaucht.

Zwische Hüat und Leinereck,
sitzt 'r auf me Stuahl im Eck,
gucket wia a Opferschôf,
kämpft gegg' de Sekundeschlôf,
gähnt ausgiebig, schielt auf d'Uhr,
fahrt sich glangweilt durch d'Frisur,

kratzt am Ohr, zupft an de Socke,
bleibt aber geduldig hocke ...

... bis sei Frau Signale blinkt
und ihn vor an d'Kasse winkt,
denn dô wird 'r scho benedigt,
dass 'r d'Zahlerei erledigt.

Bei dem Typus dämmert's oim:
Der isch NICHT de Chef dehoim.

Dô degege saggt Mann C
glei scho an de Dier: „Adé,
Hasischwanzi gang ruig zua
und kauf ei in aller Ruah;
i hock ins Café derweil –
dô, mei Scheckkart. Waidmanns Heil!"

Wow, isch des en Superkerle!
Aber soooo a Männerperle
gibbt's, Gott sei's geklagt, bloß selde.
Oder doch?
Der soll sich melde ...!

Alptraum

Jüngscht hôt's, mei Herz klopft jetzt no schwer,
mir traimt, dass i verschtorbe wär
und leicheblass und knocheträg
in a me Oichesarg drinläg –
schee längs drapiert für d'ewig Ruah
und ieber mir de Deckel zua.

Entsetzlich! Doch no schlimmer war,
dass mein Gehörgang offebar
lebendig war no und intakt,
sodass (mi hôt jô s'Grause packt)
i bei de oigne Trauerfeier
dia so verlogne Klageleier
in meiner Holzkischt drin verbisse
durch d'Wänd durch hôn aheere misse.

Zum Beispiel meine Jôhrgangsschweschtre:
Früehr hinderum allbott am Läschtre,
standet jetzt schniefend vor meim Sarg
und dund, als leidet se ganz arg,
schluchzet in d'Daschedüecher nei,
wia super drauf i g'wese sei …

Wia falsch mein früehre Chef rausschwätzt!
Zua Lebbzeit häb 'r mi so gschätzt,
debei hôt 'r, i woiß no guat,
mi gmoppt und plôget bis aufs Bluat!

De Chor, in dem i lang hôn gsunge,
isch pflichtgemäß von Weh durchdrunge,
am lautetschte doch hör i flenne
dia, wo mi nia hend leide kenne …

A Nôchbre leis zua andre sagt,
de Dot hett längscht scho an m'r gnagt –
sie sei oft baff gweah und verdutzt,
dass 's mi it häb scho früehr butzt;
aber, so moint se, irgendwie
sei's doch a wengle schad um mi.

Dass au d'Verwandtschaft gramgebeugt
ieber mein Abgang Trauer zoigt,
vor allem mein getreue Ma …
isch klar.
So lang, bis vornedra
zynischerweis no beschtens glaunt –
en Vetter fünften Grades raunt
beziehungsweis halblaut sinniert,
was mit meim Heisle jetzt passiert.

Drauf flüschtret, me stell sich des vor,
mei alte Dante ihm ins Ohr:
„Mensch Bua, dô ziaht em Wittwer sei
langjährige Geliebte ei …!!"

Des isch m'r z'viel! Jetzt macht's echt peng
und mir wird's in meim Sarg drin z'eng;
bis Underlippe Oberkante
hôn i se satt jetzt, dia falsch Bande,
kriag also Platzangscht und will raus,
mach d'Hand zur Fauscht und … hol voll aus,
dass i an d'Decke klopfe ka …

… und guck ins Gsicht nei von meim Ma,
der mi grad ebe mit me schnelle,
eilige Kuss hôt wecke welle.

Doch Bremse hôt mei Fauscht halt koine –
mit andre Wort: I scheur' em oine
und schrei, s'link Aug no schlôfverklemmt:
„Schamloser Schuft – du gôsch jô fremd!"

Dô zuckt mein Gatte hochnervees:
Mmhmm? „Jô woher woisch du des?"

„Wie war des? Was?" Mei Mundwerk schaimt,
„du Depp, des hôn i doch bloß traimt,
doch offebar ins Schwarze troffe!
Des isch jetzt aber saubled gloffe.
Sich s'Lebe außer Haus versüaße!
Mei Liaberle, des wirsch m'r büaße!"

Nôjô – und seit déher traimt er
devo, dass i verschtorbe wär.

Im Buch Genesis, Kapitel 2 bis 5, aber au in meiner umgschriebene Schöpfungsgschicht hôt de liebe Gott jô bekanntlich Adam und Eva aus em Paradies direkt ins irdische Jammertal nabgworfe, und de Rucksack, prallvoll mit G'schlechterkämpf, glei no hinderdrei.

Irgendwia mueß 'r sich aber debei doch a weng grausam vorkomme sei, jedefalls hôt er'ne quasi als kloine Troscht no ebbes Süaßes mit neigschmugglet, nämlich:
Dia erotisch Aziahung. Des Flimmre im Bluat. Des schmetterlingliche Flattre im Bauch. Des a'gnehme Kribble bis in d'Fingerspitze. Des Nôchenandnumgucke. Des erregende Sichwahrnehme. De Flirt.

Des alles war ohne Zweifel in dem Päckle no mit drin. S'mueß so g'wese sei – denn ohne Zuckerle ... aber des Thema hend m'r scho ghett!

Sich vergucke ...

Aus Zuefall bloß, wia's oft bassiert,
weil oin d'Umgebung intressiert,
dreht me de Kopf.
Me gucket halt ...
und sieht a oinzlne Männergschtalt,
adrett-sympathisch zum Verlocke
am Nebedisch im Káffee hocke.

Verlege schlaggt me d'Auge nieder!
Sekundelang.
Und gucket wieder.
Der hôt den Blick nadierlich gseah
und gucket au.
Scho isch'es gscheah.

Des Augeschpiel kriagt boiderseits
zuenehmend en pikante Reiz:
Me gucket wegg, me gucket na,
denn knapp vorbei, grad so dra na;
me gucket sich môl glangweilt um

und wieder zueenander num.
Me gucket heimlich und verschtohle,
guckt direkt und u'verhohle,
gucket öfters, gucket diefer,
gucket länger, intensiver ...

... kurz, me hôt, des isch s'Produkt,
sich ums Numgucke verguckt.

Wia me so am Gucke isch,
tritt a Dame an sein Disch,
setzt sich na zum Kaffeeplausch.
Aus isch's mit em Blickaustausch,
denn me sieht en bloß no strahle
Richtung Fraindin …

… Frailein! Zahle!

Alle Hochachtung ...

*S'Ehreamt hôt's – so ka me nôchlese – scho in de
Antike gebe, des hoißt, für Staat, d'Gesellschaft und
s'Gemeinwese ieberhaupt sich ehreamtlich und also
freiwillig und unentgeltlich eizumbringe, ghört zur
abendländische Kulturgeschichte.*

*Bei de alte Grieche und später denn au bei de Römer
hôt des aber bloß für de freie männliche Bürger golte,
weil Fraue und Sklave jô dem sei Arbet dehoim g'schaffet
hend und er also en Haufe Freizeit ghett hôt.
Des lôsse m'r jetzt aber u'kommentiert so schtande.*

*Bleibet m'r bei dem: Wer am öffentliche Wohlbefinde
koin Adoil g'nomme hôt, der war – laut em kluge Perikles
„... kein stiller, sondern ein schlechter Bürger ...".*

*Aus derre Sicht g'seah, handlet sich's beim folgende
Text ausschliaßlich um guate und edle Mensche! Und
dia verdienet – des jetzt im Ernscht – unsern größchte
Reschpekt!*

Ehreamt

Alloi des Wort scho „Ehreamt"
hôt doch en Klang so woich wia Samt,
und dringt … jôô … irgendwia sonor
und fascht melodisch oim ins Ohr.
Dia E's klinget doch absolut
nôch „Ethos" und nôch „Edelmut",
und zue dem A basst „aufmerksame"
und mitmenschliche „Anteilnahme"!
Des hoißt, alls tönt nôch Harmonie
und hôt en Hauch von Poesie.

Prosakontur und feschtre Kante
kriagt der Begriff durch d'Konsonante –
fünf sind's gesamt.
Dô wär zu nenne:
Zersch H wia „helfe", R wia „renne",
denn N für „Notfall", M für „Muat",
und T für „Troscht". Und jetzt isch's guat.

Doch was besaggt des Amt an sich,
it bloß als Wort – auch inhaltlich?
Wia wird's, was no meh intressiert –
von unsre Gsellschaft definiert?

I hôn môl ghorcht, was me so saggt
und des hier komprimiert verpackt:

A Ehreamt, jetzt ganz salopp,
des isch a Art von Freizeitjob,
wo me für andre sich verbiagt,
und dôfür it oin Euro kriagt.

Me achtet's und bewundret's zwar
und hält's für nedig, des isch klar,
weil, wenn's koi Ehreamt meh gäb,
nôch wär's in viele Kasse phäb.

Noi, s'Ehreamt isch scho a Sach',
d'Leit profitieret mannigfach,
des zum bezweifle liggt oim fern –
und dôfür spendet me au gern!

Doch andrerseits, isch's au suschpekt –
weil doch a Gschäft dehindersteckt;
bei so me Ämtle gibbt's koi Ruah,
hôsches am Hals, soddsch au was dua,
und des koscht Kraft und allerhand
an Energie und Zeitaufwand –
und wohlgemerkt, dia ganz Mission
für fremde Leit, für Gottes Lohn!

Privat gôht oim dô so viel ab,
de Dag wird kurz und d'Freizeit knapp,
ergo, s'mag guat sei, zweifelsfrei,
doch dôfür mueß me gschaffe sei!
D'rum soddet ebe solche Sache
berufne Idio... Idealischte mache!

In Summa, also insgesamt,
hôt bei de Bürger s'Ehreamt,
wie me jô deitlich grad erfährt,
en durchaus hohe Stellewert,
doch meischtens vor dem Hindergrund,
dass andre halt dia Arbet dund.

A Stichwort, des jetzt schee verbindet
und glei ins nächschte Thema mündet,
und zwar oins von de andre Seit:
Wia findet d'G'schellschaft denn dia Leit,
dia ohne, dass es ne verleidet?
a solches Ehreamt bekleidet?

Dô wird denn s'Meinungsspektrum groß,
mitunder fascht erbarmungslos –
weil s'isch – aus was woiß i für'n Grund –
nia s'Gleiche, wenn zwoi s'Gleiche dund.

Lôss bloß zwoi Fraue d'Kirche butze,
nôch machts dia oi zum fromme Nutze,
dia ander, so kennt's durchaus sei,
schmoichelt sich bloß beim Pfarrer ei.

Oder, au als Momentaufnahme:
Frau Dr. X, ganz noble Dame
bringt sich in drei „e.V.-Verei"
ohne Berührungsängschte ei,
scho kratzfuaßt s'Volk: „Oooh –
s'reinschte Wunder!
Soo fein, und lôsst sich trotzdem runder
und opfert ihr' private Zeit
im Kreis von ganz normale Leit."

Stammt oine, jetzt zum Underschied,
gsellschaftlich aus em zwoite Glied
und macht des au, hoißt's: „Guck se a,
dia springt doch wirklich iebral na;
jô Gott, sia isch alloi und ledig,
was soll se sonscht – dia hôt's halt nedig.

Bsuecht jemand Alte, holt'se hoim,
erzählt dia Wohltat aber koim,
mueß des it immer richtig sei –
denn hoißt's: „Dia will en Heilge'schei".

Duet m's, des isch dia ander Seit,
und schwätzt von der Wohltätigkeit,
scho schrumpft me zum Charaktergnom
mit me Aufmerksamkeitssyndrom.

Au bei de Herre understellt
me, je nôchdem, de well oim gfellt,
oft underschiedliche Motiv',
und lieggt natürlich meischtens schief.

Bringt nämlich s'Ehreamt mit sich,
dass er sich darstellt öffentlich,
isch, was beim erschte edle Pose,
beim zwoite halt Profilneurose,
der sich im Ehreamt bloß schlaucht,
weil er s'Bad in de Menge braucht.

Nadierlich isch, was hier beschriebe,
vielleicht a bissle iebertriebe …
… obwohl – me urteilt oft tatsächlich
bei Ehreämtler oberflächlich
und sieht zwar, was sia alls rundum
so dund, frôgt aber it warum.

Zum Schluss na wär's no folgerichtig,
und wegg de Vollständigkeit wichtig,
ohne s'Gedicht groß auszudehne,
au d'Helfer selber no z'erwähne.

weil alle au, sag i no gschwind,
völlig verschiedne Mensche sind.

So will de oi, dass m'en jô nennt,
de ander, dass me ihn it kennt,
de dritt, der iebernimmt sich fascht,
de vierte saggt, i mach bloß Gascht –
de fünfte brüschtet sich unendlich,
de sechste moint, s'isch selbschtverständlich.

Kurz: Koiner isch em andre gleich,
außer in oim – alle sind reich!
Weil jeder derf so oft erlebe,
dass, was an Hilfe er hôt gebe,
was Eisatz koschtet hôt und Zeit –
zrückkommt als diafe Dankbarkeit!

Wer jemôls, wenn au bloß entfernt,
dia Art von Glück hôt kenneglernt,
des sich afühlt wia Seelesamt,
den drängt's fascht nei ins Ehreamt!

Aber, weil's viele halt it wisset
und scheinbar ersch erfahre misset,
sodd me, statt sich's still zuezumraune,
dia Botschaft lauthals nausposaune –
denn mancher klagt doch, er häb koin
Lebensinhalt!
              Dô hett' er oin!

Was jetzt no g'fehlt hôt …

*… isch der Wahnsinnspruch *) auf de Bierdeckel im Tettnanger Hopfemuseum. Und weil der, also der Spruch, so eigängig und (aber)witzig klingt – au wenn 'r für d'Nordlichter in Hochdeitsch aufdruckt worre isch – kommt 'r als Schlussakkord in des Buach nei.
Des mueß sei!*

*Erschtens, weil i als geborene Tettnangerin mit em Hopfegrüchle aufgwachse und no selber auf Hopfebrockerhocker von Hand Hopfe brocket hôn … und zwoitens no, weil i's it verhobe hôn, aus dem Text a schwäbisch's „Nonsens"-Wortspiel z'baschtle.
Nonsens isch bekanntlich englisch und hoißt auf schwäbisch: „Jô so en Käs …!"*

*) „… Die Hopfenbrocker hocken auf den
  Hopfenbrockerhockern und brocken Hopfen …"

D'Hopfebrocker

Schwäbisch hoißt's, dass d'Hopfebrocker
auf de Hopfebrockerhocker,
wia mit Uhu a'dockt, hocket
und – jô, was wohl? Hopfebrocket.

Oft in Socke, schwarz-braun-ocker,
siehsch au auf de Brockerhocker
ältre Weiber, knochetrocke
hocke und dô hopfebrocke.

Alte Glongge, au in Socke,
hend koin Bock auf Hopfebrocke
defier hend se beim Tarocke
auf em Hocker oft oin hocke.

Hockt nebb ihne no a lockre,
flockig-scharfe Hopfebrockre,
fegt ses trotz Proschtatablocker
locker wegg vom Brockerhocker.

Und scho socket d'Brockehopfer,
untern Hocker mit me Kopfer
und verblocket sich verschrocke
stockig mit de Hockerbrocke.

Wia dia alte Brocker gocklet,
stocklet und denn nunderbocklet,
lacht dia Hopfebrockre trocke
und lôsst sich vom Bauer ...??

„Während de Hopfeernt isch guat sterbe ..."

Ebber, der sich als hells Licht
auskennt in de Hopfegschicht
und – hischtorisch hochversiert -
s'Hopfethema kultiviert,
hôt m'r, devo ganz beseelt,
(echt wôhr!) Folgendes verzehlt:

„Früehr, viel früehr no hett me glernt,
dass während de Hopfeernt,
wenn me eh' scho kränkle dei,
d'günschtigscht Zeit zum Sterbe sei,
weil dô d'Seel' koin Schade nähm
und direkt in Himmel käm...

...denn – auf Sünder ganz versesse –
hett de Deifel unterdesse
ausnahmslos und ohne Ruah
in de Hopfegärte z'dua,
wo – wia gmacht fürn Luzifer –
SODOM und GOMORRHA wär."

Guat, me lacht und denkt debei:
Ohne wird's it gwese sei
wenn aus jedre Himmelsrichtung
und in gschlechtlicher Verdichtung
Ma' und Weibse komme sind
und ... klar – fürennand it blind -
it bloß brockt hend ... ohne Zweifel.
Sondern was?
                Des woiß de Deifel!

Blick in den Werkzeugkasten der „Worthandwerkerin"

Wenn Ingrid Koch auf der Bühne steht, wird an vielen Stellen geschmunzelt und bei all ihren Pointen laut gelacht. Dazwischen wartet das Publikum aber nicht nur auf den nächsten Schenkelklopfer, dazwischen lauscht es, nickt, lächelt und genießt.

Es muss in ihrer Arbeit also mehr stecken als das „Grundmaterial" Humor.

Da sind zum einen ihre Themen: Ingrid Koch geht wachen Blickes durch die Welt und sammelt „Menschliches": Dialoge, Situationen, Stimmungen, Verhaltensweisen, Gepflogenheiten und vieles mehr. Ihr Blick filtert die Essenz und das Allgemeingültige heraus, das sie beschreibt, kommentiert oder karikiert. Nicht umsonst bezeichnet Christel Voith Ingrid Kochs Blick als „liebevoll, humorvoll und doch unbestechlich".

Was sie erkannt hat oder worauf sie den Finger legen will, das transportiert sie in den sprachlichen Ausdruck, der beim Publikum den „Aha-Effekt" des Erkennens auslöst. „Genau so ist es", mag man oft sagen. Nur hätte man dafür nicht die Worte gefunden, mit denen Ingrid Koch es sagt.

Womit wir beim zweiten und Wesentlichen sind: Ihrem sprachlichen Ausdruck. Um ihn ringt sie, an ihm arbeitet sie sich ab und er ist ihr das Wesentlichste an ihrem Schaffen. Deshalb nennt sie sich auch explizit „Worthandwerkerin".

In ihrem Werkzeugkasten finden sich Dialekt, Reim, Rhythmus, Sprachbilder, Kombinationsgabe, Stil, Witz und Feinsinn. Immer neu und kreativ bedient sie sich dieser Werkzeuge, bis ein Text federnd und feinsinnig nach Ingrid Koch klingt.

Die „Schwäbin aus Überzeugung" liebt die prallen Ausdrücke des Dialektes, seine zahlreichen Nuancen, seinen Klang, seine Ungeschliffenheit und seinen Witz. Mit dem Dialekt könne man „hinde num gucka" und Nebenbedeutungen in Texte bringen, die das Hochdeutsch nicht ermöglicht, meint Ingrid Koch. Deshalb sind die Texte hier im Buch ausnahmslos auf schwäbisch gesetzt, auch wenn es gar nicht für jeden Laut einen Buchstaben gibt.

Sie ist aber auch „Lyrikerin aus Überzeugung" und findet es faszinierend, „wie viel sich im Schwäbischen reimt". Der Klang eines gelungenen Gedichtes beseligt sie, und so verbindet sie phantasievoll und beherzt: „Verwandte" mit „Dante" (=Tante), „brauch i it" mit „wegg demit" oder „u'gheire" mit „saudeire".

Ihre Freude an der Sprache und ihre Kreativität lebt sie auch in ihren Wort-Neuschöpfungen aus: Einem „Uferstroß-Modell", einem „Panikspleen" oder einer „knödelkehligen" Oma begegnet man bei ihr ebenso wie folgender Beschreibung alternder Körperpartien: „Zonen die im Abwärtstrend, schwerkraftbedingt koin Halt meh hend …". Solche Kreationen schenken einen neuen Blick auf Bekanntes und machen es im Sprachwitz gleichzeitig erträglicher.

Unsichtbar und doch so wichtig sind in allen Texten von Ingrid Koch Rhythmus und Dramaturgie. Oft schlägt sie in der ersten Gedichtzeile ihr Thema offen an, ohne gleich zu verraten, worauf der Gedanke hinausläuft. Und ebenso oft löst erst das letzte, gereimte Wort der Folgezeile das Rätsel: „I kennt, i sags von vornerei – im Lebe nia Bergsteiger sei!" Durch dieses Stilmittel bleiben die Texte immer spannend und halten die Zuhörer in Bewegung. Dem dienen auch genau komponierte Aufzählungen, in denen sich Bilder und Begriffe türmen, man denke nur an die Aufzählung diverser Altersbeschwerden hier im Buch (Seite 9).

Wer mag, kann sich darüber hinaus über Ingrid Kochs Liebe zu Wörtern freuen, die schon ein wenig aus der Mode sind, beispielsweise „in summa" oder „perfid" oder „Edelmut". Wörter, die Geschichte atmen. Oder besondere Blickwinkel genießen, wenn sich zum Beispiel eine Sommerhose beklagt.

Richten wir nun aber den Blick wieder aus dem Werkzeugkasten heraus und hinein in die Texte. Eine neue Auswahl ist hier im zweiten Buch von Ingrid Koch versammelt und lädt zum Vorlesen oder selbst lesen, zum Innehalten und Genießen ein.

Cosima Kehle